Mein nachhaltiger Kleiderschrank

CHARLOTTE SCHÜLER

Mein nachhaltiger Kleiderschrank

Infos, Tipps & DIYs
rund um Fair Fashion

INHALT

Einleitung

FÜR WEN IST DIESES BUCH?

Das Buch ist genau das Richtige für dich, wenn du dich für faire und nachhaltige Fashion interessierst – aber nicht auf die neuesten Styles verzichten möchtest –, Ordnung in deinen Kleiderschrank bringen willst, deine eigene Capsule-Wardrobe zusammenstellen möchtest und deinen Kleidungsstücken eine lange Lebenszeit schenken willst.

Ich erkläre dir, wie du dich endlich nicht mehr durch einen vollen Kleiderschrank wühlen musst, nur um am Ende festzustellen, dass du doch nichts zum Anziehen hast. Oder wie du schon beim Einkauf im Geschäft erkennst, ob dir das potenzielle neue Kleidungsstück langfristig Freude bereiten wird. Vielleicht passt es dir schon im Laden nicht richtig, sodass es womöglich als Schrankleiche in deinem Kleiderschrank einstauben wird. Und das nur, weil du im Laden nicht die ersten Anzeichen dafür gesehen hast, dass das Kleidungsstück gar nichts für dich ist. Es gibt zum Glück ganz einfache Wege, diese Fehlkäufe zu vermeiden, sodass du nicht nur deinen Geldbeutel, sondern auch die Ressourcen unserer Umwelt schonst.

WAS FINDEST DU IN DIESEM BUCH?

Ich gebe dir einen guten Überblick über alles, was du für einen nachhaltigen Umgang mit Kleidung wissen solltest. Angefangen bei der Herstellung und Herkunft der verschiedenen Stoffe, über den Einkauf und die richtige Pflege deiner Kleidung bis hin zum Sortieren und Einräumen des Kleiderschranks. So kannst du schnell und einfach deine Outfits zusammenstellen. Schließlich erkläre ich dir auch, was du am besten mit Kleidung machst, die du nicht mehr trägst, wo du sie am einfachsten verkaufen kannst oder welche Anlaufstellen es gibt, um Kleidung zu spenden. Für Kleidung, die abgetragen und nicht mehr zu reparieren ist, zeige ich dir, wie du sie am besten entsorgst, sodass sie im Idealfall noch recycelt wird und du auch hierbei keine Ressourcen verschwendest.

Im Buch findest du:

- Tipps zum Einrichten einer Capsule-Wardrobe
- Einen Shopping-Leitfaden für neue Kleidung und Secondhand-Kleidung
- Anleitungen zur richtigen Wäschepflege, Reparatur, zum Upcycling
- DIY's (Textilauffrischer, Waschmittel, Weichspüler, Fleckenentferner)
- Ideen für verschiedene Stylingvarianten
- Checklisten
- Infoboxen zu Siegeln, Stoffen und Herstellungsarten

WARUM IST EIN NACHHALTIGER UMGANG MIT TEXTILIEN WICHTIG?

Wenn du dich noch nicht so intensiv mit der Textilindustrie beschäftigt hast, fragst du dich vielleicht, warum es einen anderen Umgang mit unseren Kleidungsstücken geben muss. Der Grund dafür ist, dass seit einiger Zeit in der Fashion-Branche so manches schiefläuft und immer mehr Schattenseiten dieser wachsenden Branche ans Licht kommen. Die Modewelt hat sich inzwischen zunehmend zu einer »Fast«-Fashion-Branche entwickelt. Fast-Fashion bedeutet, dass hauptsächlich auf Schnelllebigkeit gesetzt wird. Qualität- oder Arbeitsstandards in den Fabriken sind nicht wichtig, stattdessen wird nur noch dem neuesten Trend hinterhergejagt. Die Kleidungsstücke werden auf Kosten von Fabrikarbeiter*innen und Umwelt zu immer günstigeren Preisen produziert. Um das Kaufverhalten der Konsument*innen stetig voranzutreiben, werden in immer kürzeren Abständen neue Styles gelauncht. Qualität und Verarbeitung der Kleidungsstücke sind nicht darauf ausgerichtet, lange zu halten, sondern um mehr Umsätze für die Produzenten zu generieren. Um immer mehr Ware zu immer günstigeren Preisen anbieten zu können, arbeiten Fabrikarbeiter*innen oft unter unwürdigen Bedingungen zu niedrigen Löhnen, die trotz vieler Arbeitsstunden nicht zum Leben reichen. Neben dem ganzen anderen Müll aus unserer Wegwerfgesellschaft wird unser Planet noch zusätzlich mit immer mehr Müll aus der Fashion-Branche belastet.

Hier kommen einige Fakten zur Textilindustrie, die ich besonders schockierend finde:

- Die Produktion von Kleidungsstücken hat sich von 2000 bis 2014 verdoppelt.
- Jede*r Deutsche kauft im Durchschnitt 60 Kleidungsstücke pro Jahr.
- Kleidungsstücke werden im Schnitt nur noch halb so lang getragen wie vor 15 Jahren.
- Einige Fast-Fashion-Modehäuser bringen bis zu 24 Kollektionen im Jahr heraus. Das ist fast alle zwei Wochen eine neue Kollektion. Eine Mode-Marke fügt ihrem Sortiment sogar täglich bis zu 5000 Produkte hinzu.

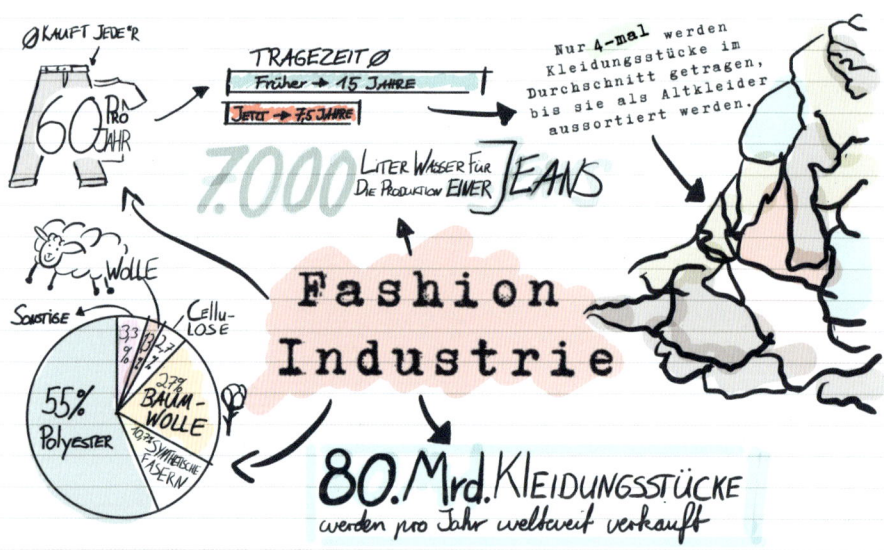

ABOUT ME

Hey – freut mich, dass du mein neues Buch in der Hand hältst! Ich bin Charlotte Schüler, komme aus München und beschäftige mich seit einigen Jahren mit allen Facetten zum Thema Nachhaltigkeit. Dabei informiere ich meine Community immer über meine neuesten Erkenntnisse und Entdeckungen.

Diejenigen von euch, die mich bereits kennen, wissen bestimmt, dass mein Einstiegsthema »plastikfrei leben« war. Vor etwa sieben Jahren habe ich begonnen, immer mehr auf Plastik zu verzichten. Irgendwann habe ich dann auch angefangen, mein gesammeltes Wissen und neu entdeckte Produkte auf Social Media zu posten. Schnell kamen immer mehr Bereiche hinzu, in denen es ebenfalls wichtig ist, auf mehr Nachhaltigkeit zu achten. Die Fashion-Industrie nimmt dabei einen großen Teil ein, weil sie sich leider zum regelrechten Müll- und Konsumwahnsinn entwickelt hat.

Tragischerweise geht es in der Fashion-Industrie nicht nur um den verschwenderischen Umgang mit Ressourcen, sondern auch um den unwürdigen Umgang mit den Menschen, die unsere Kleidung herstellen. Es herrschen widrige Arbeitsbedingungen und es werden keine fairen Löhne gezahlt. Da ich mich gern mit Mode beschäftige, ist das sehr schnell ein wichtiges Thema für mich geworden.

Mittlerweile gibt es in der Fashion-Branche viele Facetten zu betrachten und es sollten Wege gefunden werden, um auch hier wieder auf mehr Nachhaltigkeit zu achten. Um dir die Einarbeitung in diese Thematik zu erleichtern, habe ich das Buch geschrieben. So erhältst du von der Produktion über den Einkauf, die Pflege und Reparatur deiner Kleidungsstücke bis hin zur richtigen Entsorgung einen guten Überblick. Ich wünsche dir ganz viel Spaß mit diesem Buch und hoffe, dass es dich bei der nachhaltigen Gestaltung deines Kleiderschrankes unterstützen kann.

That's Me ?

Augenfarbe: Grün/Blau

Lieblings-Farbe:
PINK

Mein Hund Luna ♥

Mission:
ZU EINEM
NACHHALTIGEREN LEBEN
INSPIRIEREN ♥

Social Media: 📷 ♫
@ charlotteschueler

weitere Bücher von mir:

#Einfach plastikfrei leben

DO IT YOURSELF!
#Einfach plastikfrei leben

Der gut sortierte Kleiderschrank

EIN ÜBERSICHTLICHER KLEIDERSCHRANK

Wer kennt das nicht? Du stehst vor einem vollen Kleiderschrank und denkst, dass du nichts zum Anziehen hast. Wir alle wissen in dem Moment, dass wir offensichtlich genug Kleidung haben – wir stehen schließlich vor einem randvoll gefüllten Schrank. Trotz der Kleiderberge finden wir jedoch nichts, was uns gefällt.

In dieser Situation hat es mir geholfen, meinen Kleiderschrank übersichtlicher einzuräumen. Ist der Kleiderschrank gut und überschaubar sortiert, ist das schon die halbe Miete, um sich morgens in einer vertretbaren Zeit schöne, passende Outfits für den kommenden Tag herauszusuchen.

Beim Schreiben dieses Buchs habe ich überlegt, ob das Kapitel »Der gut sortierte Kleiderschrank« oder »Der Kauf von Kleidung« an erster Stelle stehen sollte. Beide Themen sind superwichtig für einen übersichtlichen Kleiderschrank, aus dem man in wenigen Sekunden immer wieder tolle Kombinationen zusammenstellen kann. Ich habe mich dazu entschieden, das Thema Ordnung zu priorisieren, da es nachhaltiger ist, erst einmal mit dem zu arbeiten, was man hat. Danach kann man erst entscheiden, was man braucht – und was nicht – und was man gegebenenfalls in der Garderobe ergänzen könnte, um immer den Style tragen zu können, in dem man sich rundum wohlfühlt.

Im folgenden Kapitel gebe ich dir Tipps und Anregungen, um Ordnung in deinen Kleiderschrank zu bringen. Ich möchte dir zeigen, welche Methoden mir geholfen haben. Aus diesen Vorschlägen kannst du dir heraussuchen, was am besten für dich passt und in deinem Alltag funktioniert, und es gegebenenfalls noch ergänzen.

CAPSULE-WARDROBE

Eine Capsule-Wardrobe ist eine minimalistische Garderobe, die hauptsächlich aus Basic-Teilen und einigen wenigen Statement Pieces besteht. Mit den Statement Pieces werden die Basic-Outfits derart aufgewertet, dass sie deinem Look das besondere Etwas verleihen und für verschiedene Anlässe angemessen sind. Die Capsule ist so zusammengestellt, dass alle Kleidungsstücke bestmöglich untereinander kombinierbar sind. Auf diese Art und Weise hat man schon mit einer geringen Anzahl an Kleidungsstücken eine große Auswahl an verschiedenen Outfits. Der Begriff »Capsule-Wardrobe« wurde 1970 das erste Mal von der Londoner Boutique-Besitzerin Susie Fax verwendet und findet nach und nach immer mehr Anhänger*innen in der Modewelt. Vor allem bei Menschen, denen es so wie mir geht und die sich das Leben mit einer gut sortierten Garderobe einfacher machen wollen. Die meisten Capsule-Wardrobes bestehen aus etwa 30–40 Teilen. Das ist kein Muss, sondern nur eine Orientierung, letztendlich kann jede*r selbst entscheiden, mit wie vielen Teilen er oder sie die eigene Capsule bestücken möchte. Ziel ist es, die darin enthaltenen Kleidungsstücke so auszuwählen, dass sie alle zusammenpassen und sowohl für den Alltag als auch für den etwas besonderen Anlass tauglich sind. Du brauchst dabei auch nicht den neuesten Trends zu folgen oder dir die von Modemagazinen ernannten Must-Haves anschaffen. Jedes darin enthaltene Teil soll einfach dein Lieblingsstück sein, in dem du dich auf Anhieb wohlfühlst, wenn du es anziehst.

Um die besten Kombinationen für dich persönlich zu ermitteln, ist es wichtig, dass du dir zunächst Gedanken über deinen Alltag machst. Nur wenn du weißt, nach welchen Bedürfnissen deine Capsule-Wardrobe zusammengestellt werden soll, kannst du dir die für dich perfekten Teile heraussuchen. Um dir bewusst zu werden, was du eigentlich von einer Garderobe erwartest, können die folgenden Fragen hilfreich sein:

- Wie schaut bei mir eine normale Woche aus?
- Was mache ich normalerweise an den einzelnen Tagen?
- Brauche ich mehr Basics oder eine etwas schickere Garderobe?

Für das, was du am häufigsten in einer Woche machst, benötigst du die meiste Kleidung. Dementsprechend solltest du dafür auch in deinem Kleiderschrank den größten Platz reservieren. Bist du zum Beispiel oft im Büro oder besuchst du regelmäßig besondere Events, solltest du das auch bei der Wahl deiner Kleidung und dem Platz in deinem Kleiderschrank berücksichtigen. Nur wenn deine Capsule auf dein Leben abgestimmt ist, kommt nicht mehr das Gefühl auf, dass man eigentlich gar nichts zum Anziehen hat. Damit du dir einen guten Überblick verschaffen kannst, was du alles brauchst, habe ich einen Leitfaden zusammengestellt.

Tipp

Ich stelle mir sehr gern eine Capsule zusammen, mag aber auch Abwechslung, wofür ich viele Kleidungsstücke brauche. Aus dem Grund habe ich für mich »Saison-Capsules« eingeführt. Das heißt, dass die Kleidungsstücke meiner Capsule der jeweiligen Jahreszeit entsprechen. Zusätzlich zu meiner Kleiderstange und den Schubladen in meiner Wohnung lagere ich Kleidungsstücke im Keller, die ich saisonbedingt gerade nicht anziehe. Alle paar Monate tausche ich dann meine Capsule in der Wohnung mit Kleidungsstücken aus dem Keller aus. Welche Tipps ich dafür genau habe, findest du im Kapitel »Saison-Garderobe« ab Seite 47.

ÜBERBLICK SCHAFFEN

Hier kommen ein paar Fragen, die du dir stellen kannst, um dir mehr Übersicht über die Anforderungen an deine Garderobe zu verschaffen. Es hilft auch, sich in Erinnerung zu rufen, bei welchen Ereignissen das Gefühl aufgekommen ist, nichts Passendes zum Anziehen zu haben. Auf diese Weise findest du ganz schnell heraus, für welche Aktivitäten du deine Garderobe mehr bestücken müsstest, um immer das richtige Outfit zu finden.

- Was trage ich gern in meiner Freizeit?
- Wie viele schicke Outfits brauche ich in der Woche?
- Brauche ich besondere Kleidung für die Arbeit?
- Für welche Anlässe brauche ich regelmäßig welche Outfits?

MEINE NOTIZEN

WAS MÖCHTE ICH AN MEINEM KLEIDERSCHRANK VERÄNDERN?

Bevor du anfängst, deinen Kleiderschrank umzustrukturieren, ist es hilfreich, kurz innezu-halten und dir Gedanken darüber zu machen, warum du mit deiner aktuellen Garderobe nicht zufrieden bist. Es kann ganz unterschiedliche Gründe haben, warum du das Gefühl hast, nie das Passende zum Anziehen zu finden. Zum Beispiel, weil …

- du zu viel Kleidung hast und dadurch den Wald vor lauter Bäumen nicht mehr siehst.
- die aktuelle Garderobe nicht mehr deinem Stil entspricht.
- die aktuelle Garderobe nicht mehr zu deinem jetzigen Leben passt.
- sich lauter Kleidungsstücke im Schrank befinden, die vom Schnitt oder von der Größe her nicht richtig passen und du dich deswegen nie richtig darin wohlfühlst.
- die einzelnen Teile im Grunde passen, aber sie sich schlecht miteinander kombinieren lassen, weil Farbe oder Muster nicht harmonieren.

Im Lauf der Zeit haben sich diese Punkte als Gründe dafür herausgestellt, warum ich mit meiner Kleidung unzufrieden war. Dadurch konnte ich erkennen, was ich in Zukunft än-dern wollte. Und ich wusste genau, wo ich anfangen sollte.
Vielleicht erkennst du dich in den von mir geschilderten Punkten wieder? Dann hast du schon viele Anhaltspunkte, um deine Garderobe zu verbessern. Doch wahrscheinlich hast du wie jeder Mensch auch deine eigenen Bedürfnisse, deshalb hast du hier Platz für deine persönlichen Gedanken.

MEINE NOTIZEN

....
....
....
....
....
....
....
....
....

KREISDIAGRAMM

Ein Kreisdiagramm bietet dir eine gute visuelle Darstellung für deine Capsule-Wardrobe. Stell dir den Kreis als deinen Kleiderschrank vor und zeichne für deine jeweiligen Aktivitäten und Anlässe verschieden große Anteile ein. Damit hast du einen Leitfaden und du weißt, mit welchen Kleidungsstücken du deinen Schrank am besten bestücken kannst. Das Kreisdiagramm braucht nicht bis ins kleinste Detail ausgearbeitet zu sein, denn selbst wenn sich der Alltag oft wiederholt, verändert sich immer mal wieder etwas. Das Diagramm gibt dir einfach einen Überblick, sodass du weißt, worauf du beim Zusammenstellen deiner Capsule-Wardrobe deinen Fokus legen kannst.

Dies sind die gängigsten Themen, die du individuell in Variation oder Untergruppen für dich anpassen bzw. erweitern kannst.

- Homewear
- Arbeitskleidung
- Ausgehkleidung
- Sport
- Entspannung

Meine Garderobe

Hier kannst du eintragen, welchen Anteil die jeweiligen Aktivitäten in deinem Leben einnehmen.

HOME WEAR

Chic

ARBEIT

SPORT

AUSGEHEN

DAS IST ZUM BEISPIEL GERADE MEIN KREIS ♡

VORBEREITUNG FÜR DIE CAPSULE

Jetzt hast du herausgefunden, welchen Anforderungen dein zukünftiger Kleiderschrank entsprechen sollte. Nun ist es allmählich an der Zeit, das Buch zur Seite zu legen und aktiv zu werden. Bevor wir aber zu dem Teil kommen, der mir persönlich am meisten Spaß macht – das Zusammenstellen der Capsule – ist erst einmal das Ausräumen des Kleiderschranks angesagt, sozusagen die Inventur. Dafür stell dir am besten deine Lieblingsmusik an, lade vielleicht noch ein*e Freund*in dazu ein und fang an, dich durch das Chaos zu arbeiten. Es kann sein, dass du dich am Anfang etwas überfordert fühlst, aber wenn du dir ein Kleidungsstück nach dem anderen vornimmst, kommst du gut voran. Ich starte so eine Aktion gern an einem Samstag, weil ich genug Zeit haben möchte, um alles wieder in Ordnung zu bringen, anstatt mit einem Kleiderchaos in die neue Woche zu starten.

Damit dir deine Kleiderschrank-Inventur leicht von der Hand geht, findest du hier eine Step-by-Step-Anleitung.

1. **Kleiderschrank ausräumen:** Räume deinen Kleiderschrank einmal komplett aus. Lege am besten die Kleidung nach Oberteilen, Hosen, Kleidern usw. sortiert auf verschiedene Stapel. So machst du es dir für die nächsten Schritte leichter.

2. **Aussortieren:** Jetzt kommt der wichtigste Teil. Sortiere alle Kleidungsstücke aus, die du schon seit Längerem nicht mehr anhattest, weil du schon weißt, dass sie nicht richtig passen, sie dir nicht mehr gefallen oder beschädigt sind. Tipps, was du mit aussortierter Kleidung anstellen kannst, findest du im hinteren Teil des Buches (ab Seite 130). Dort findest du Ideen zum Weiterverkaufen, Upcyceln, Umgestalten sowie Anregungen dafür, wo man Kleidung am besten spendet oder entsorgt, falls sie nicht mehr zu brauchen ist.

3. **Anprobieren:** Nachdem du nun alle Kleidungsstücke, die du schon länger nicht mehr anziehst, aussortiert hast, kannst du dich den glücklichen widmen, die Anwärter auf einen Platz in deiner neuen Capsule sind. Lass dir Zeit und zieh alle Teile einmal an. Schau, wie sie sitzen, und prüf, ob du dich in ihnen wohlfühlst. Ein gutes Indiz dafür, dass du

manche Kleidungsstücke doch nicht so oft anziehen wirst und sie nicht zu deinen Lieblingen gehören, ist, wenn du schon daheim vor dem Spiegel immer wieder daran herumzupfst. Damit man sich im Alltag in seiner Kleidung wohlfühlt, sollte sie perfekt sitzen, ohne Zurechtrücken. Alle Stücke, die dir ohne Wenn und Aber passen, in denen du also direkt rausgehen würdest, kommen auf den einen Stapel und alle Stücke die dich nicht zu 100 Prozent überzeugen, auf den anderen.

4. **Inspirationen suchen:** Jetzt kommen wir zu einer abwechslungsreicheren Aufgabe: der Inspirationssuche für neue Outfits. Wenn du deinen Stil in eine neue Richtung entwickeln möchtest, schaust du am besten in Magazinen oder Social Media nach und suchst dir Beispiele heraus, die dich ansprechen. Selbst wenn du deinen Stil eigentlich sehr gern magst, kannst du hier ein wenig recherchieren, um herauszufinden, mit welchen Kleidungsstücken neue Kombinationen möglich sind. Bei der Inspirationssuche geht es einerseits darum zu schauen, was man mag, und andererseits herauszufinden, welche Kleidungsstücke sich dafür eignen. Mach dir am besten von allen Styles, die dir gefallen, einen Screenshot oder lege dir in Pinterest eine Pinnwand dafür an. So stellst du dir nach und nach eine Sammlung für deine Capsule zusammen.

Tipps

Zum Aussortieren von Kleidung gibt es verschiedene Möglichkeiten. Ein paar Methoden stelle ich dir hier vor und idealerweise probierst du einfach aus, welche am besten zu dir passt. Kombinationen aus den verschiedenen Systemen funktionieren auch ganz gut. Ich wünsche dir viel Erfolg und gutes Durchhaltevermögen beim Aussortieren. Auch wenn es dir währenddessen wie eine Never-Ending-Aufgabe erscheint, bleib dran! Am Ende wirst du dir selbst dafür dankbar sein.

Kleiderbügel-Methode: Bei diesem Hack hängst du zu Beginn der Aussortierphase alle Kleidungsstücke so auf, dass der Bügel »falsch herum« ist. Nachdem du ein Teil getragen hast, hängst du es nun wieder richtig herum auf. Nach vier Wochen erhältst du einen guten Überblick, welche Kleidungsstücke du getragen hast und welche nicht. Diese Methode eignet sich prima dafür, um zu kontrollieren, welche Kleidungsstücke man gerade trägt. Vielleicht finden sich doch noch ein paar »Schrankleichen« darunter?

Auf-Links-Dreh-Methode: Bei dieser Herangehensweise drehst du deine gesamte Garderobe – wie der Name schon sagt – auf links. Sobald du ein Kleidungsstück getragen hast, legst du es jedoch auf rechts ins Fach bzw. in die Schublade oder hängst es auf die Kleiderstange. So kannst du am Ende deiner Aussortierphase genau sehen, welche Teile du trägst und welche nicht. Diese Methode lässt sich wunderbar mit der Kleiderbügel-Methode kombinieren, weil nicht alle Kleidungsstücke aufgehängt werden.

Box-Methode: Wenn du dich nur schwer von Dingen trennen kannst, ist diese Methode optimal. Alles, was du eventuell aussortieren möchtest, legst du in eine Box, die in der Nähe deines Kleiderschranks steht. So hast du einerseits einen übersichtlichen Kleiderschrank und hast andererseits ohne Aufwand ein fehlendes oder vermisstes Kleidungsstück schnell wieder zur Hand. Die Teile, die vier Wochen in der Box liegen bleiben, obwohl sie zur aktuellen Saison passen, kannst du getrost aussortieren. Der Umweg über die Aussortierbox erleichtert dir als Übergangsphase den Schritt, Kleidung auszusortieren.

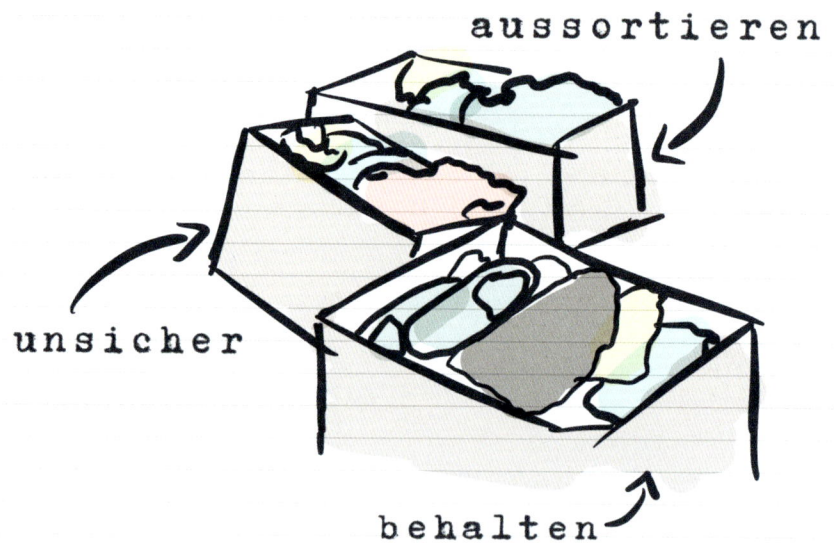

Aussortieren: Diese Kleidungsstücke passen dir nicht, gefallen dir nicht mehr oder sind nicht mehr zu reparieren. Sie werden auf jeden Fall aussortiert.

Unsicher: Bei diesen Kleidungsstücken bist du dir nicht ganz so sicher, ob du sie behalten oder weggeben willst, sie kommen erst einmal in Boxen in den Keller. Vermisst du sie auch nach längerer Zeit nicht, kannst du sie getrost weitergeben. Damit du nicht vergisst, was in den Boxen ist, mach dir davon ein Foto. Diese Fotos kannst du in einem extra Album abspeichern. So weißt du immer, was in den Boxen ist, ohne sie öffnen zu müssen.

Behalten: Diese Teile gefallen dir zu 100 Prozent und passen wie angegossen. Sie sind deine Lieblingsstücke und müssen auf jeden Fall weiterhin fester Bestandteil deiner Garderobe sein.

DEINE CAPSULE ZUSAMMENSTELLEN

Es gibt zwar ganz genaue Anleitungen, mit welchen Kleidungsstücken man eine Capsule bestücken sollte, diese berücksichtigen jedoch nicht unbedingt deinen persönlichen Stil. Da es mir am Herzen liegt, dass du dich in deiner Capsule wiederfindest, versuche ich, dich ein wenig anders an das Thema heranzuführen, anstatt kategorisch festzulegen, dass jede Capsule beispielsweise zwei verschiedenfarbige Jeans und drei weiße Shirts beinhalten soll. Ich gehe es ein bisschen anders an, indem ich dir Kleidergruppen wie Basics, Highlights, Accessoires usw. vorstelle und dir jeweils Tipps gebe, was du bei der Wahl der Kleidungsstücke beachten solltest. Wie viele Stücke du von der jeweiligen Gruppe deinem Kleiderschrank hinzufügst, entnimmst du am besten deinem ausgefüllten Kreisdiagramm.

Wenn du nach den ersten zwei Wochen merkst, dass du mit deiner Aufteilung nicht gut zurechtkommst, überarbeite sie und passe sie an. Für mich hat es sich schon öfters gelohnt, dass ich nicht gleich alles weggegeben habe, weil ich irgendwann gemerkt habe, dass ein Kleidungsstück doch perfekt in meine Capsule passen würde. Dann war ich froh, dass ich es noch hatte. Oder ich habe gemerkt, dass noch etwas fehlt, um das Outfit perfekt zu machen, genau dieses Teil habe ich dann in meinen aussortierten Kisten gefunden. Damit ich nicht vergesse, was sich in den Kisten befindet, mache ich gern Fotos von den Kleidungsstücken. Du glaubst gar nicht, wie schnell ich vergessen habe, was ich alles besitze – ganz nach dem Motto: Aus den Augen aus dem Sinn. Ich empfehle dir also, nicht gleich alle Teile wegzugeben, die es nicht in deine Capsule geschafft haben. Verstaue die Kleidungsstücke, die dir passen und die du gerne trägst, die aber einfach zu viel sind, erst einmal in Boxen und bewahre sie im Keller oder auf dem Speicher auf. Wenn du in den nächsten Wochen doch noch das ein oder andere Teil vermisst, kannst du es herausholen und zufügen oder austauschen. Wenn gerade Saison für Kleidungsstücke ist, die sich in weggeräumten Boxen befinden, und ich die Kleidung trotz passenden Wetters und Gelegenheiten nicht vermisse bzw. zum Tragen herausgeholt habe, ist es für mich ein Zeichen, dass diese Teile komplett aussortiert werden können.

How to:
Capsule Wardrobe

1 Für welche Saison planst du deine Capsule?

_____

2 Trage hier ein welche Farben in deiner Capsule vorkommen sollen. ♥

Grundfarben

Akzentfarben

Beispiel:

3 Mit welchen Mustern möchtest du Akzente setzen?

Am besten werden bis zu zwei Muster für eine Capsule ausgewählt

#Prints

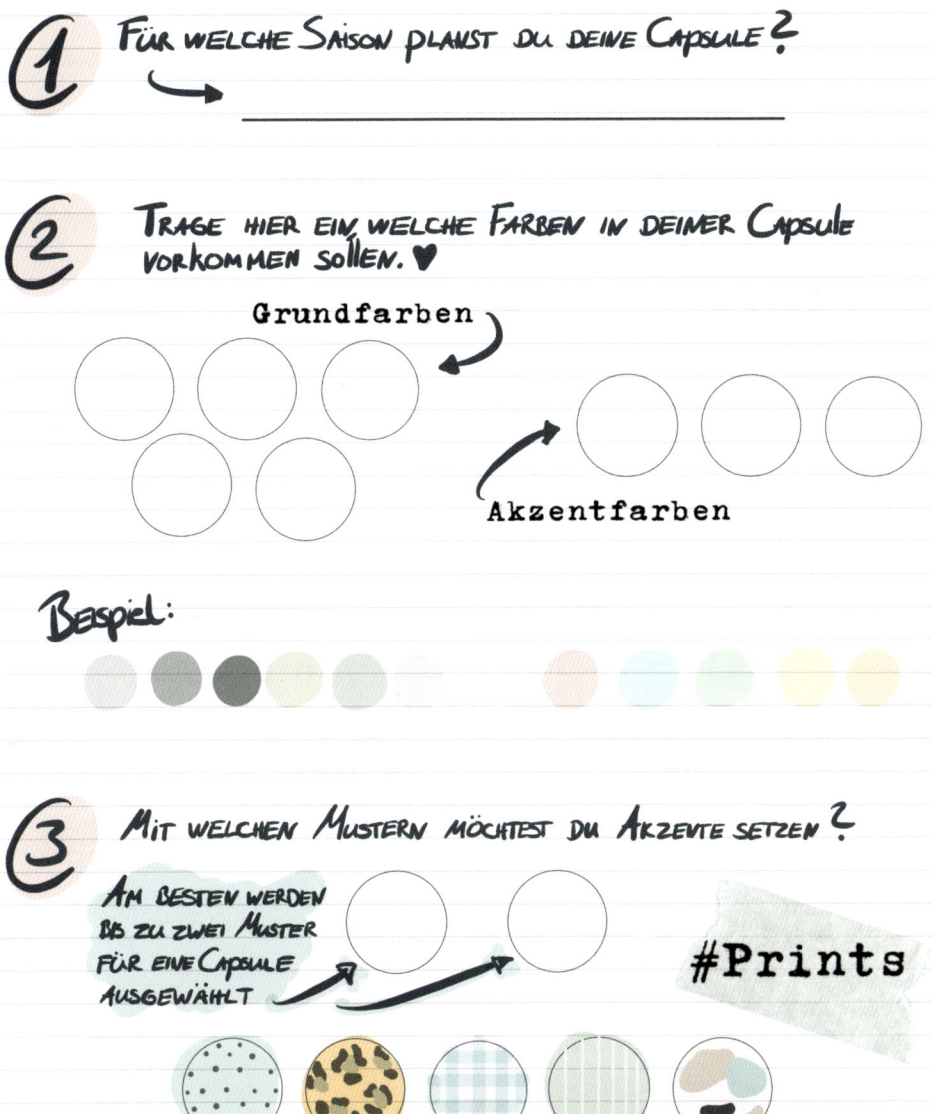

Bei der Zusammenstellung der Capsule sollten Pieces in den Grundfarben den grössten Teil ausmachen. Mit wenigen Akzentfarben und Prints werden Highlights gesetzt. So ergeben sich viele harmonische Kombinationen.

Vergiss nicht nochmal anzuschauen, für welche Aktivitäten deine Garderobe ausgestattet werden sollte.

④ Stelle dir deine Basics zusammen. Hier findest du ein bisschen Inspiration, was dazugehören kann. ♥

Am besten suchst du dir Teile aus, die sich gut Layern lassen. Also mit denen du den klassischen Zwiebellook zusammenstellen kannst. So ergeben sich viele Kombinationsmöglichkeiten.

#Basics

How to:
Akzente setzen

- ○ Füge Teile mit Akzentfarben hinzu
- ○ Suche dir ein paar Stücke mit Mustern raus
- ○ Setze Akzente mit ausgefallenen Schnitten
- ○ Schaffe Abwechslung mit besonderen Stoffen / Texturen

6 Jetzt kannst du dir noch einige Accessoires zusammenstellen, die deinen Stil unterstreichen.

Tipp: Schmuck

Schaffe zwischen deinem Gold- und Silberschmuck eine Brücke mit einem Bicolor-Schmuckstück. So kannst du alle deine Schmuckstücke kombinieren und tolle Looks schaffen. ♥

7 Jetzt kannst du alle Teile zusammen an eine Kleiderstange hängen und deine Capsule Wardrobe genießen. ♥

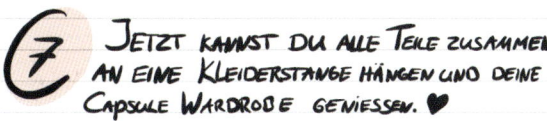

Checkliste
Capsule Wardrobe

Hier kannst du nochmal die wichtigsten Punkte für deine
Capsule Wardrobe nachlesen

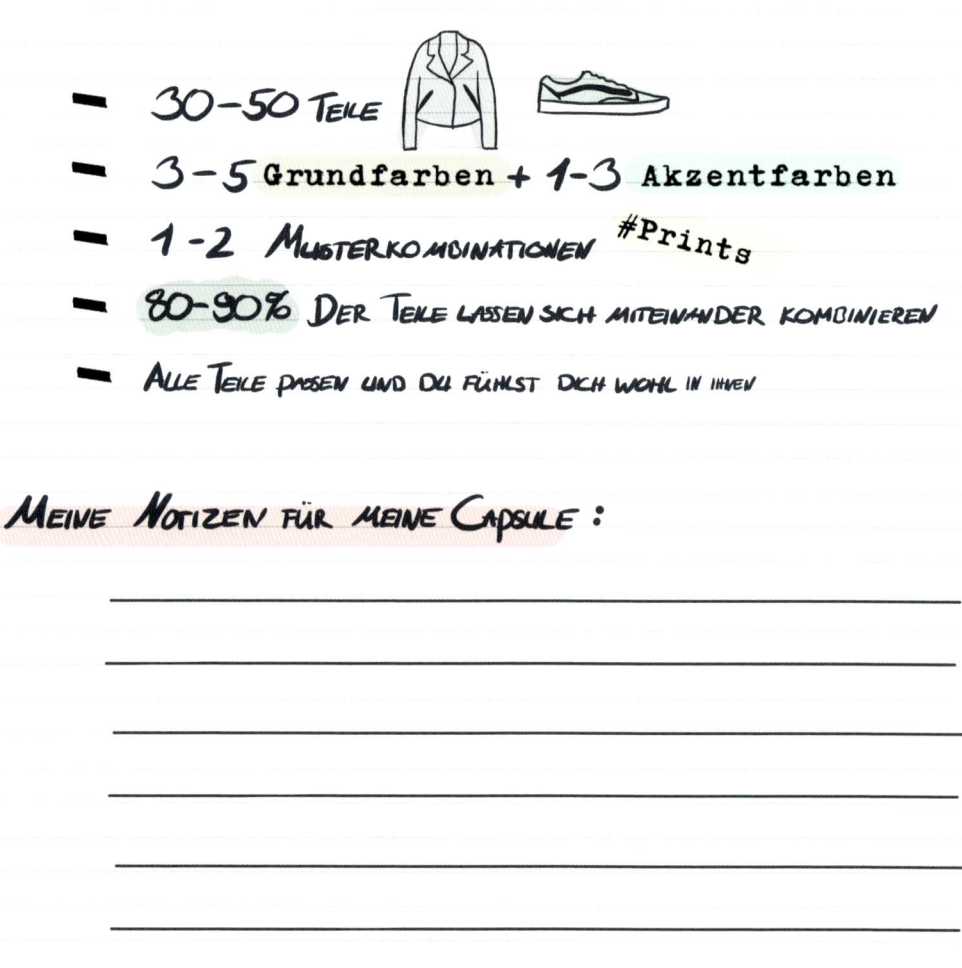

- 30-50 Teile
- 3-5 Grundfarben + 1-3 Akzentfarben
- 1-2 Musterkombinationen #Prints
- 80-90% der Teile lassen sich miteinander kombinieren
- Alle Teile passen und du fühlst dich wohl in ihnen

Meine Notizen für meine Capsule:

_____

_____

_____

_____

_____

_____

_____

_____

DEN EIGENEN STIL FINDEN

Nicht ohne Grund sagt man »den eigenen Stil finden«, denn man muss sich tatsächlich ein wenig auf die Suche machen, um den eigenen Stil aufblühen zu lassen und so auszuleben, dass man sich immer gut *gekleidet* fühlt und nicht *verkleidet*.

Kleidung ermöglicht dir, die eigene Persönlichkeit auszudrücken und zu unterstreichen. Um deinen persönlichen Stil zu finden, kannst du verschiedene Vorbilder nutzen. Sie sollten jedoch wirklich nur als Inspirationsquelle verwendet werden und nicht als Vorlage. Sonst geschieht es schnell, dass du dir eine Maskerade zulegst. Inspirationsquellen für den eigenen Stil können zum Beispiel Personen aus der Öffentlichkeit, aus deinem Umfeld, aus Magazinen oder Profilen im Internet sein.

Wenn du einen Menschen, sein Auftreten und seine Ausstrahlung toll findest, ist es jedoch nicht ratsam, gleich das ganze Erscheinungsbild eins zu eins zu kopieren. Vielmehr solltest du dir genau überlegen, welche einzelnen Elemente dieses Looks dir gefallen. So schärfst du deinen Blick für Details und kannst diese in dein individuelles Erscheinungsbild einbauen. Dabei gibt es keine Einschränkungen, es kann zum Beispiel ein Accessoire, ein bestimmter Hairstyle oder der Schnitt einer Hose sein.

Kopiert man den kompletten Look einer Person, ohne zu überlegen, was einem genau daran gefällt, kann es passieren, dass man sich verkleidet fühlt und nicht mehr das Gefühl hat, man selbst zu sein. Um den eigenen Stil zu finden, sollte man sich selbst treu bleiben und nicht versuchen, jemand anderes zu sein, nur weil deren Look einem zusagt. Natürlich kann man auch mal in andere Rollen schlüpfen, aber um das Outfit richtig zu fühlen, finde ich, gehört es auch einfach dazu, ganz man selbst zu sein.

Suchst du nach Inspiration für ein neuen persönlichen Look, ist es wichtig, dabei ein wenig auszusortieren, beispielsweise ob Kleidungsstücke in Bezug auf Farbgebung, Schnitt sowie Material zu deinem Körper- oder Farbtyp passen. Es bringt einfach nichts, sich in einen Look mit Kleidungsstücken zu verlieben, die dann an einem selbst aber nicht so gut aussehen wie an der Person, an der man sie gesehen hat. Stellt man fest, dass exakt derselbe Look nicht wirklich etwas für einen selbst ist, sollte man sich die Details genauer ansehen. Das, was dir daran besonders gut gefällt, kannst du vielleicht mit anderen Kleidungsstücken in dein eigenes Outfit integrieren. So bleibst du du selbst und entwickelst dich trotzdem vom Stil her in deine favorisierte Richtung.

Um deine Inspirationen übersichtlich vor Augen zu haben, empfiehlt sich ein Moodboard, auf dem du alles zusammenstellst, was dir gefällt. So entsteht dein persönlicher Style-Guide, also dein eigenes Grundgerüst für deinen neuen Look. Mit der Zeit verändern sich sicherlich immer wieder ein paar Details bzw. Vorlieben, die könntest du dann zum Beispiel im Moodboard ergänzen oder ein neues Moodboard nach der Vorlage im Buch anlegen.

Jetzt wünsche ich dir viel Spaß bei der Zusammenstellung deines Moodboards.

How to: #Stil finden

1 Farbtyp finden

Bist du ein kalter oder WARMER Hauttyp?

Kalter Hauttyp:

→ Roter, rosafarbener bis bläulich pinker Hautunterton

→ Tipp: Wenn deine Adern im Licht bläulich-lila schimmern, gehörst du zum kalten Hauttyp.

Bist du ein kalter Hauttyp, gilt die Faustregel, dass dir kalte Farben stehen.

Warmer Hauttyp:

→ Elfenbein-, gold- bis orangefarbener Hautunterton

→ Tipp: Wenn deine Adern im Licht grünlich schimmern, gehörst du zum warmen Hauttyp.

Bist du ein warmer Hauttyp gilt die Faustregel, dass dir warme Farben stehen.

Kalte Farben:

Warme Farben:

2 Körperform ERKENNEN

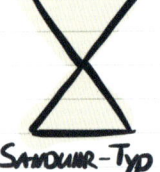

Sanduhr-Typ

TIPPS: TAILLIERTE CROPPED-OBERTEILE
TAILLIERTE KLEIDER, JUMPSUITS
HIGH WAIST SCHNITTE
WEICHE FLIESSENDE STOFFE
VERTIKALE LINIEN

Röhren-Typ

TIPPS: ASYMMETRISCHE SCHNITTE
HÜFTHOSEN
CULOTTES
V-AUSSCHNITTE
BOYFRIEND JEANS

Birnen-Typ

TIPPS: HIGHWAIST JEANS
TAILLIERTE OBERTEILE
MOM JEANS
BETONTER SCHULTERBEREICH
KLEIDER MIT A-LINIEN FORM

Apfel-Typ

TIPPS: ASYMMETRIE
HÜFTHOSEN
V-AUSSCHNITTE
SCHLICHTE DUNKLERE FARBEN AM OBERKÖRPER
KRÄFTIGE HELLERE FARBEN AM UNTERKÖRPER

Diese Tipps sind wirklich nur als Vorschläge für jeden Figurtyp zu verstehen, natürlich kann man immer alles tragen, worin man sich wohlfühlt. Die Tipps sollen dir einfach nur eine Idee geben, was deiner Figur besonders gut schmeichelt. 🩷

3 Inspirationen SAMMELN

Jetzt kommt der Fun Part beim Stil finden und zwar
Inspirationen zu sammeln. Hierfür kannst du die
verschiedensten Plattformen nutzen. Dabei ist es am
effektivsten, nach Personen Ausschau zu halten, die deinem Typ
entsprechen und bei denen dir der Style gefällt. So bekommst
du schnell eine Idee, was auch bei dir gut funktionieren
könnte und worin du dich wohlfühlen könntest.

HIER FINDEST DU ZUM BEISPIEL VIELE INSPIRATIONEN:

PINTEREST:

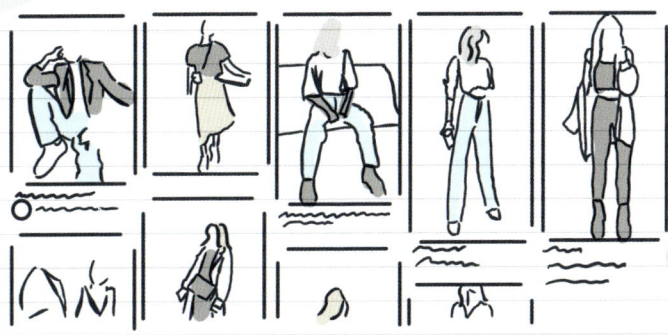

AUF PINTEREST
KANNST DU DIR
AUF PINNWÄNDEN
DEINE LIEBLINGSKOMBIS
MERKEN.

MAGAZINE:

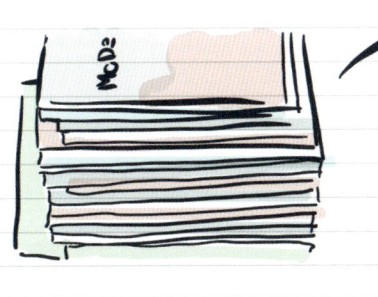

SCHNEIDE DIR AUS MAGAZINEN
DIE STYLES AUS, DIE DIR
AM BESTEN GEFALLEN UND SAMMLE
SIE AUF EINEM MOODBOARD.

Was sind deine Lieblingsfarben?

_____

_____

Welche Muster trägst du gerne? Oder doch lieber unifarben?

_____

_____

Welche Materialien gefallen dir besonders gut?

_____

_____

Mit welchen Kombinationen würdest du gern mal Layering ausprobieren?

_____

_____

Welche Accessoires gefallen dir besonders gut?

_____

_____

Welche Frisuren fandest du in letzter Zeit schön?

_____

_____

Magst du eher natürlicheres oder auffälligeres Make-up?

_____

_____

Was möchtest du ausstrahlen? Wie möchtest du dich fühlen?

_____

_____

○ Hast du dir Fotos aus Zeitschriften rausgesucht?

○ Hast du dir schon Stil-Boards auf Pinterest erstellt?

MEINE NOTIZEN

_____

_____

_____

_____

_____

_____

_____

_____

KLEIDUNG RICHTIG AUFBEWAHREN

Kleidung hängen oder falten?

Beides! Ich habe eine große Kleiderstange sowie einige Fächer und Schubladen. Ich hatte mal versucht, keine Kleiderstange bzw. nur eine kleine zu verwenden, aber dabei fehlte mir der Überblick.

Die Kleiderstange ist für meine »Main Pieces« reserviert. Der Vorteil davon ist, dass ich auf einen Blick sehen kann, welche Outfits zusammenpassen. Außerdem finde ich es sehr praktisch, dass ich die Kleidungsstücke von der Kleiderstange nicht immer wieder neu zusammenfalten muss, wenn ich eins anprobiert und mich dann doch für ein anderes entschieden habe. Mit einer Kleiderstange vermeidet man »den Stuhl« oder einen ewigen Wäscheberg. Zudem tut es vielen Stoffen auch gut, hängen zu dürfen und nicht die meiste Zeit gefaltet und zusammengedrückt zu liegen.

Wenn ich mich dann für einen Look entschieden habe, wende ich mich den Fächern zu, um mein Outfit zu vervollständigen.

Auf die Kleiderstangen passen zum Beispiel Jacken, Mäntel, Blazer, feine Hosen, Röcke, Kleider, Pullover, Hemden und Blusen sehr gut. Das ist schön übersichtlich und gleichzeitig sind die Kleidungsstücke direkt griffbereit, da sie, einmal gebügelt, nicht mehr in einem Fach zusammengefaltet zerknittern. In Fächer und Schubladen passen zum Beispiel Tops, Shirts, Jeans, Socken, Unterwäsche, Accessoires und Taschen.

ORDNUNG AUF DER KLEIDERSTANGE

Da meine Kleiderstange frei im Raum steht und keinen Sichtschutz hat, habe ich mir ein paar Angewohnheiten zugelegt, damit sie möglichst ordentlich wirkt.

1. **Kleiderbügel:** Gleiche Kleiderbügel verwenden (gleiches Material, gleiche Farbe).
2. **Farbe:** Die Oberteile und Kleider nach Farbe und Stoffdicke sortieren. Etwas dickere Jacken werden bei mir an ein Ende gepackt und dann farblich sortiert.
3. **Fülle:** Die Kleiderstange nicht überladen, sonst wirkt es sehr gequetscht. Das tut auch den Kleidungsstücken nicht gut, weil sie nicht frei und locker hängen können und schnell knittern. Gibt man ihnen genug Raum zum Hängen, sind sie immer griffbereit zum Tragen.

ORDNUNG IN FÄCHERN UND SCHUBLADEN

Beim Einräumen von Fächern und Schubladen ist es sinnvoll, sich eine bestimmte Vorgehensweise zu überlegen, um alles so ordentlich wie möglich zu halten, sodass sich nicht in
kürzester Zeit ein Wäscheberg innerhalb der Schublade bildet. Wichtig ist auch, sich ein
Konzept zu erarbeiten, wie man Kleidungsstücke am besten herausnimmt, ohne gleich ein
Chaos zu verursachen.

1. **Unterteilung:** Sind die Fächer zu groß, unterteile ich sie mit Boxen, Schuhkartons und
   Schachteln. Dann fallen die darin einsortierten Dinge nicht kreuz und quer durcheinander, sondern bleiben schön geordnet an ihrem Platz.
2. **Falttechnik:** Selbst wenn man schon kleinere Zwischenfächer eingerichtet hat, hilft die
   richtige Falttechnik zusätzlich, um die Ordnung beizubehalten.

KLEIDERFALTEN NACH MARIE KONDO

Tipp

Marie Kondo ist eine japanische Bestsellerautorin, die Menschen hilft, mehr Ordnung in ihr Leben zu bringen. Sie ist eine richtige Ordnungsexpertin und hat viele einfach umzusetzende Tipps rund um den Haushalt parat. Von ihr habe ich auch die Methode übernommen, alle Fächer und Schubläden durch kleine Kisten und Boxen in weitere Abschnitte zu unterteilen, um so für mehr Ordnung innerhalb der Schubladen zu sorgen. Man erhält dadurch nicht nur mehr Ordnung, sondern findet auch alles viel schneller, weil es weitere Kategorien gibt. Besonders praktisch und nachahmenswert sind Marie Kondos Falttechniken, denn sie bieten einen guten Überblick im Kleiderschrank. Weil die Kleidungsstücke quasi von selbst stehen, fallen sie nicht durcheinander, wenn man eins aus dem Fach nimmt. Alles ist gleich zur Hand.

Ein paar Faltbeispiele findest du in der folgenden Abbildung. Bei manchen Teilen braucht es ein bisschen Übung, bis die richtige Technik gelingt. Hat man jedoch erst einmal Routine darin, geht das Falten superleicht und schnell von der Hand. Im Endeffekt erspart man sich dadurch schließlich Zeit, weil die Teile nicht mehr durcheinandergeraten. Also lohnt es sich auf jeden Fall, die richtige Falttechnik zu üben, da sie im Nachhinein vieles erleichtert.

Die Faltmethode wende ich übrigens nicht nur im Kleiderschrank, sondern auch beim Kofferpacken an. Es überrascht mich dabei immer wieder, wie viel Platz durch die ordentliche Faltmethode gespart wird.

Marie Kondo

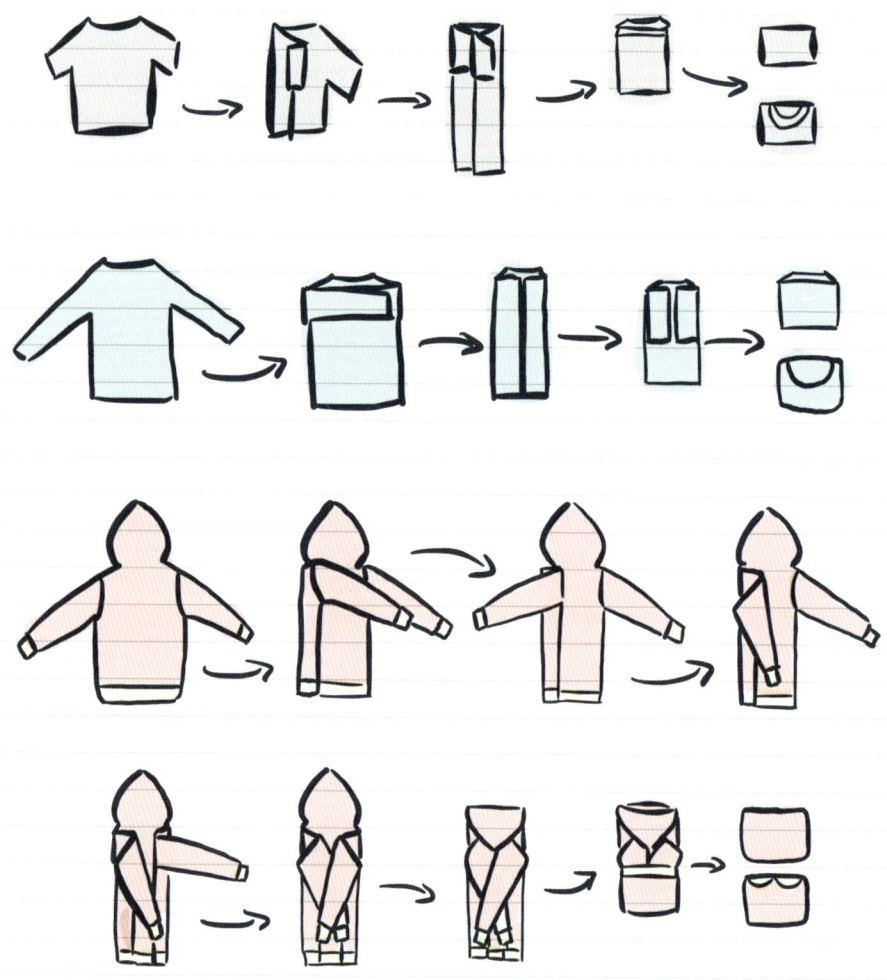

Wenn man einmal den Dreh raus hat, lässt sich die Falttechnik auf jedes Kleidungsstück übertragen. Brauchst du doch noch ein bisschen Hilfe, um ein bestimmtes Teil zu falten, findest du ganz viele Anleitungen zum Beispiel auf Pinterest.

SAISON-GARDEROBE

Oft finden sich im Kleiderschrank Kleidungsstücke, die gerade nicht wirklich der Saison entsprechen. Im Grunde genommen weißt du, dass du sie in den nächsten paar Wochen oder Monaten nicht tragen wirst. Diese nehmen viel Platz weg und sorgen für eine gewisse Unübersichtlichkeit im Schrank, weil du auf der Suche nach dem passenden Kleidungsstück immer wieder auf Teile stößt, die du im Moment sowieso nicht anziehen kannst. Dadurch dauert es länger, ein Outfit auszusuchen und gleichzeitig vermittelt es dir das Gefühl, dass du im Kleiderschrank nichts Passendes zum Anziehen hast.

Weil mich das irgendwann genervt hat und mir der Platz für Anziehsachen, die ich gerade sowieso nicht trage, in meiner Wohnung zu schade war, habe ich mir letztendlich angewöhnt, einen Teil meiner Kleidung im Keller zu lagern. Bevor jedes Stück aber nach unten wandert, mache ich davon ein Foto, damit ich es nicht vergesse. So kann ich mir alle paar Monate eine neue Garderobe zusammenstellen, sozusagen eine neue Capsule-Wardrobe. Dafür suche ich mir gut kombinierbare und zur Saison passende Kleidungsstücke heraus, die ich in den nächsten Wochen und Monaten tragen möchte. Ich habe herausgefunden, dass dieser Weg bei mir am besten funktioniert. Ich bin ein Fan von einem übersichtlichen Kleiderschrank, möchte aber auch immer eine gewisse Auswahl haben. Mir wäre es zu wenig, mich langfristig auf eine kleine Menge zu beschränken. Doch es ist perfekt für mich, mich für einen gewissen Zeitraum auf eine Capsule-Wardrobe festzulegen und dann wieder Abwechslung durch andere Teile in meine momentane Capsule-Wardrobe zu bringen. Das ist dann fast so, als würde ich immer mal wieder etwas Neues kaufen. Was mich an meiner jetzigen Garderobe besonders freut, ist, dass ich mittlerweile an einem Punkt angelangt bin, an dem jedes Teil von mir eines meiner Lieblingsteile ist. Es hat natürlich eine Weile gedauert, bis ich meine Garderobe so umstrukturiert habe, dass ich jedes Teil anziehen kann und mich sofort darin wohlfühle, und dass sich die Teile auch untereinander easy kombinieren lassen. Aber die ganze Arbeit lohnt sich auf jeden Fall, auch wenn du vielleicht jetzt denkst, dass das ganz schön viel Aufwand ist. Zuerst gehst du deine Anziehsachen durch, dann sortierst du aus und ersetzt schließlich, was du nicht mehr brauchst. Ich kann dir aus meiner Erfahrung nur sagen: Es lohnt sich! Danach macht das Zusammenstellen des Outfits wieder viel mehr Spaß und man fühlt sich die ganze Zeit wohl in der Kleidung. Früher habe ich oft wahllos eingekauft. Seitdem ich darauf achte, dass meine Garderobe gut zusammenpasst, konzentriere ich mich auf wenige, qualitativ hochwertige Teile, die mir kompromisslos gefallen. Dadurch hat sich auch mein Einkaufsverhalten geändert, was ich im Kapitel »Der Kauf von Kleidung« noch genauer erkläre. Letztendlich möchte ich zum Ausdruck bringen, dass man mit ein paar Kniffen einen ordentlichen und übersichtlichen Kleiderschrank schaffen kann, selbst wenn man eine Vorliebe für eine größere Anzahl von Kleidungsstücken hat.

Wenn also wieder einmal ein Kleiderschrankwechsel ansteht, überlege ich zuerst, was ich brauche, welche Events stattfinden und natürlich auch, welche Temperaturen in den kommenden Wochen und Monaten herrschen. Dementsprechend stelle ich mir meine perfekte Capsule-Wardrobe für diesen Zeitabschnitt zusammen. Für den Fall, dass du die Saison-Capsule-Wardrobe auch ausprobieren möchtest, habe ich ein paar Anhaltspunkte zusammengestellt, mit denen du superleicht deine eigene Saison-Garderobe aussuchen kannst. Hat man das ein paar Mal gemacht, geht es schnell von der Hand und der Kleiderschrankwechsel geht wie von selbst.

CHECKLISTE FÜR DEINE SAISON-GARDEROBE

○ Sind die Kleidungsstücke dem zu erwartenden Wetter angemessen?
○ Sind alle bzw. viele Teile untereinander kombinierbar (Capsule-Wardrobe)?
○ Werden die Outfits zu den Terminen, Veranstaltungen oder Arbeiten passen, die du dir in dieser Zeit vorgenommen hast?

○ Sitzen momentan alle Teile gut, sodass du dich darin wohlfühlst?

○ Sind alle Teile »Ready to Wear« (nicht beschädigt oder sind Reparaturen nötig?)?

Tipp

Am praktischsten ist es, wenn man nur Kleidungsstücke in den Kleider-schrank hängt, die auch gleich getragen werden können. Damit meine ich in erster Linie: schon gebügelt. Das spart viel Zeit, wenn du es mal eilig hast und es macht auch mehr Spaß. Als ich das noch nicht gemacht habe, hätte ich zum Beispiel gern oft einen bestimmten Rock angezogen, aber als ich feststellte, dass ich ihn noch bügeln muss, habe ich mich doch für etwas anderes entschieden. Letztendlich habe ich den Rock die ganze Saison über nicht getragen, obwohl ich ihn gern mag. Als mir das auffiel, habe ich es mir zur Regel gemacht, alles nur Ready to Wear in den Kleiderschrank zu hängen. Ich gestehe: Beim Einsortieren nervt es mich schon, alle Sachen ordentlich herzurichten, weil ich wirklich nicht gern bügele, aber am Ende freue ich mich immer darüber, dass ich mir Zeit genommen habe, um alles vorzubereiten. Das erleichtert vieles im Alltag.

Cost per Wear

In der Regel trägt man schicke Kleidungsstücke nicht so häufig, weil man sie schonen möchte oder weil sie teurer sind als Kleidungsstücke für den Alltag. Das finde ich sehr schade, deshalb habe ich mich zu irgendeinem Zeitpunkt entschieden, mich öfter gut zu kleiden, sodass ich mich »schick« fühle. Nicht overdressed, einfach nur gut angezogen. Das gibt mir ein schönes Lebensgefühl, bringt gute Laune für den Tag und schenkt mir Selbstbewusstsein. Am Anfang habe ich oft gedacht: »Puh, kann ich das wirklich anziehen?« Weil es eben relativ teuer war. Doch je mehr ich über das Thema nachgedacht habe, desto klarer wurde mir, dass es überhaupt nicht nachhaltig ist, ein Kleidungsstück selten zu tragen. Wenn das feine, teure Stück die ganze Zeit im Schrank hängt, ist der »Cost per Wear« (Kosten-Nutzungs-Verhältnis) extrem hoch. Wenn ich mir beispielsweise ein Kleid für eine Hochzeit kaufen und es dann im Schrank verstauben lassen würde, bis der nächste passende Anlass kommt (was Monate oder Jahre dauern kann), war das Kleid für diesen einen Anlass unglaublich teuer. Wenn ich es aber mit coolen Accessoires downgrade, sodass ich es in meine Alltagsgarderobe integrieren und regelmäßig tragen kann, hat sich der Kauf gelohnt.

Seitdem mir das klar geworden ist, bin ich viel beruhigter und es fühlt sich nicht mehr so »verboten« an, ein schickes, kostspieligeres Kleidungsstück zu tragen. Oft inspiriere ich dadurch sogar meine Freundinnen dazu, dass sie auch ihre etwas schöneren Teile anziehen, einfach nur, um einen schönen Tag zu haben und sich wohlzufühlen.

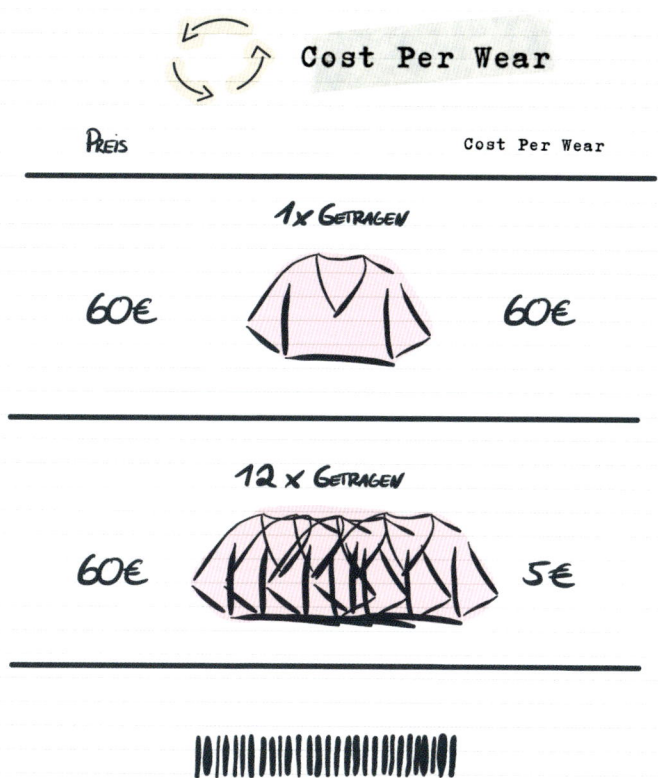

REISEOUTFITS PLANEN

Früher habe ich oft dazu geneigt, für Reisen viel zu viele unnötige Kleidungsstücke einzupacken. Selbst wenn ich nur für ein paar Tage unterwegs war, hatte ich so viel gepackt, als wäre ich wochenlang im Urlaub. Das tat ich meistens nur, um für jeden Anlass etwas Passendes zum Anziehen zu haben. Allerdings passierte es nach jeder Reise, dass ich einen ganzen Stapel ungetragener Teile wieder in meinen Schrank eingeräumt habe. Diese Sachen hatte ich also komplett umsonst mitgeschleppt!

Inzwischen habe ich mir ein System angeeignet. Vor jeder Reise stelle ich mir verschiedene Outfits zusammen und schaue anschließend, welche Teile darin am häufigsten vorkommen. Das heißt, diese Kleidungsstücke lassen sich auf der Reise am besten kombinieren, sodass sie auch am vielfältigsten einsetzbar sind.

Zunächst fotografiere ich mit meinem Handy alle Kleidungsstücke, die für eine bestimmte Reise infrage kommen und lege sie in einen Extra-Ordner in der Foto-App. Zusätzlich lade ich mir eine Collagen-App auf mein Handy. Das System funktioniert auch ohne die Collagen-App, ich finde es jedoch übersichtlicher, wenn man in einem Bild das ganze Outfit zusammen hat. Ein weiterer Vorteil der Collagen ist, dass ich sie mir im Urlaub noch einmal ansehen kann, sodass ich ganz schnell ein gutes Outfit finde und nicht noch lange überlegen muss.

Beim Zusammenstellen mache ich mir dann schöne Musik an, stimme mich auf die bevorstehende Reise ein, schreibe mir mitunter noch wichtige Events oder Ausflüge auf, für die ich besondere Outfits brauche, und kombiniere sie entsprechend.

Am Ende gehe ich die Collagen durch und schaue, welche Teile ich am häufigsten eingesetzt habe. Diese packe ich schließlich in meinen Koffer. Kleidungsstücke, die in den Collagen nur einmal vorkommen, packe ich nicht ein. So erhalte ich eine gut aufeinander abgestimmte Garderobe mit Kleidungsstücken, die sich für die unterschiedlichsten Looks kombinieren lassen, eine Capsule-Wardrobe für Reisen.

Outfits planen

VACAY

HOW TO:

1. OUTFIT-ALBUM IM HANDY ERSTELLEN
2. KLEIDUNGSSTÜCKE ALS FOTOS SPEICHERN
3. OUTFIT-COLLAGEN ERSTELLEN
4. COLLAGEN IM ALBUM SPEICHERN

Hier siehst du, wie solche Outfit-Collagen aussehen können. Darin halte ich alles fest, was zum Outfit gehört, von der Hose über die Jacke bis hin zu Schmuck oder Schuhen.

Wenn es dir auch im Alltag schwerfällt, auf die Schnelle passende Kombinationen zu finden, kannst du deine Outfits ebenso auf digitale Weise zusammenstellen. So veranstaltest du kein Chaos und kannst dir obendrein die Outfits abspeichern. Du findest auch immer etwas zum Anziehen, gerade wenn es mal fix gehen muss. Außerdem erlangst du einen guten Überblick über den Inhalt deines Kleiderschranks.

Ich habe das auch mal mit meiner besten Freundin gemacht. Nachdem sie immer wieder gemeint hat, dass sie nichts zum Anziehen hat, ich aber schon fand, dass sie viele coole Teile besitzt, sind wir ihren Kleiderschrank durchgegangen und haben auf die oben beschriebene Weise verschiedene Outfits zusammengestellt. Dann haben wir uns einen Abend zusammengesetzt und überlegt, woran es liegen mag, dass sie so unzufrieden ist. Wir sind darauf gekommen, dass sie nicht wirklich viele Ideen zum Kombinieren ihrer Kleidung hat. Also haben wir uns gleich an die Arbeit gemacht, verschiedene Kombinationen zusammengestellt und fotografiert. Seitdem kann sie immer mal wieder die Fotos durchschauen und sich für ihre Garderobe inspirieren lassen. Daran sieht man, dass oft gar nicht viel zu einem guten Style fehlt, um glücklich zu sein. Manchmal fehlt einfach nur das i-Tüpfelchen, wie im Beispiel hier die Inspiration für verschiedene Kombinationen.

2.

Der Kauf von Kleidung & Accessoires

NACHHALTIG UND FAIR

Der Kauf neuer Kleidung ist ein Thema für sich. Ich kann mich noch erinnern, wie ich früher als Teenie mit meinen Mädels in der Stadt zum Shoppen verabredet war. Einfach nur zum Zeitvertreib, ohne dass wir etwas Konkretes gebraucht hätten, haben wir uns samstags in der Fußgängerzone getroffen und die Fast-Fashion-Ketten durchstreift. Meistens haben wir uns im Laden an der schon sehr lichten Sale-Stange getroffen, die aussah, als wäre sie das letzte Überbleibsel einer Plünderung. Dort haben wir uns etwas ausgesucht, was so halbwegs gepasst hat. Das Kleidungsstück hat uns nicht vom Hocker gerissen, aber der Preis war o.k., deshalb nahmen wir es mit. Unser damaliges Credo war, lieber drei günstige, nicht perfekte Teile zu kaufen anstelle von einem teuren – das uns wirklich gefällt. Der Erfolg des Tages wurde daran gemessen, wie voll die Tüten waren, und nicht, wie sehr wir das Ergatterte wirklich mochten und wie oft wir es in Zukunft tragen würden.

In den letzten Jahren habe ich mein Einkaufsverhalten radikal verändert. Ich bin sehr wählerisch geworden und weiß genau, welche Kleidungsstücke ich möchte und brauche. Wenn ich es in einem Geschäft nicht finden kann, gehe ich wieder. Früher habe ich jedes Kleidungsstück isoliert betrachtet und mir nur Gedanken darüber gemacht, ob es mir gefällt oder nicht. Mittlerweile gehe ich vor dem Kauf im Kopf erst einmal meinen Kleiderschrank durch und überlege mir, ob und zu vielen Outfits es passen würde. Eröffnen sich durch den Kauf viele Kombinationsmöglichkeiten, sitzt es gut (ohne, dass ich schon in der Umkleide daran herumzupfen muss) und gefallen mir auch noch die Werte des Labels, hat das Kleidungsstück meistens gewonnen. Falls es mein eingeplantes Budget etwas übersteigen sollte, gehe ich erst einmal nach Hause, schlafe eine Nacht (oder mehr) darüber und gehe dann zurück in das Geschäft, um es noch einmal anzuziehen und gegebenenfalls zu kaufen. So bin ich mir wirklich sicher, dass ich ein neues Lieblingsteil für meinen Kleiderschrank gefunden habe.

Um an diesen Punkt zu kommen, hat es wie bei jeder Umstellung eine Weile gedauert. Immer mal wieder wurde ich »rückfällig« und habe – wegen des Preises –, dann doch zur Fast-Fashion-Variante gegriffen. Doch das hatte ich meist schon bald bereut, hauptsächlich wegen der mangelnden Qualität und meines schlechten Gewissens, denn ich hätte es besser wissen können. Trotzdem habe ich meinem Kaufimpuls nachgegeben. Nach einigen Erlebnissen dieser Art kann ich jetzt solchen Impulskäufen gut widerstehen.

Versteht mich nicht falsch, in manchen Momenten hat man einfach nicht die Möglichkeit, die Fair-Fashion-Alternative zu wählen – mag es aus finanziellen, zeitlichen oder anderen Gründen sein. In Ausnahmefällen finde ich das nicht so schlimm.

Während meiner Ausbildung war für mich der Hosenkauf so ein Fall. Ich hatte nicht sehr viel Geld und im Secondhand-Laden war es eher wie ein Lottogewinn, eine gutsitzende Hose zu finden. Deswegen habe ich damals noch so manches Mal zu der nicht fair produzierten und meist qualitativ schlechteren Option gegriffen. Dieses Kleidungsstück habe ich dann aber so lange gepflegt, getragen und immer wieder repariert, bis es wirklich nicht mehr zu tragen war. Das war der Deal mit mir selbst, so konnte ich dem schlechten Gewissen ein bisschen entgegenkommen. Wenn ich mir etwas kaufe, was nicht zu 100 Prozent mit meinen Werten vereinbar ist, tue ich zumindest alles, damit es so lange wie möglich hält.

Sobald es mir möglich war, habe ich die Gelegenheit ergriffen und meine Garderobe mit immer mehr Stücken erster Wahl aufgestockt. Seitdem mag ich nicht mehr zurück. Meistens ist der Kaufpreis dieser Kleidungsstücke höher, doch aufgrund der Stoffqualität und der guten Verarbeitung hat man viel länger etwas von dem Teil, sodass man auf lange Sicht Geld spart. Zu Beginn war es wirklich eine Herausforderung, weil es schlichtweg mehr kostet – ausgenommen man findet etwas Secondhand.

Bei vielen plastikfreien Produkten verhält es sich übrigens ähnlich. Eine Edelstahlflasche ist in der Anschaffung wesentlich teurer, man hat jedoch viel länger etwas davon als von einer Plastikflasche und braucht nicht alle paar Monate eine Flasche nachkaufen. Qualität zahlt sich auf lange Sicht immer aus. Im Englischen gibt es ein gutes Sprichwort, das dieses Phänomen recht treffend beschreibt: »The cheap man pays twice.« (Frei ins Deutsche übersetzt: Wer billig kauft, zahlt doppelt).

In diesem Kapitel möchte ich dir einige Tipps geben, wie du erfolgreich Kleidung einkaufst, ohne mit Fehlkäufen nach Hause zu kommen. Ich berücksichtige dabei sowohl den Einkauf neuer Kleidung als auch den von »Pre-loved« Kleidung. Weil die Herangehensweisen für die beiden Kategorien sehr unterschiedlich sind, behandele ich sie in getrennten Abschnitten. In dem einen findest du Tipps für deine Fair-Fashion-Einkaufstour, in dem anderen für einen Ausflug in den Secondhand-Laden. Ich wünsche dir viel Spaß beim Erkunden und Einkaufen!

WO FINDET MAN NACHHALTIGE KLEIDUNG?

Mittlerweile gibt es ein großes Angebot an Labels, die nachhaltige Kleidung produzieren und die in entsprechenden Geschäften angeboten wird. Da sich aber leider auch ein paar schwarze Schafe unter der vermeintlich nachhaltigen Gruppe tummeln, ist es manchmal gar nicht so einfach, auf Anhieb zu erkennen, ob das Kleidungsstück wirklich nachhaltig ist oder nicht. Am besten entscheidest du selbst, welche Aspekte der Nachhaltigkeit dir wichtig sind, und was du somit als nachhaltig definierst. Dabei gibt es keinen Richtwert, denn jeder Mensch hat andere Prioritäten. Überlege dir, worauf du in Zukunft achten möchtest. Das können zum Beispiel nachhaltige Stoffe sein, eine faire Produktion, ein geringer Verbrauch von Ressourcen oder das Gesamtkonzept des Labels.

Um einzuordnen, wie sehr ein Unternehmen auf Fairness, Umweltschutz und Nachhaltigkeit setzt, kann man verschiedene Kriterien in Betracht ziehen, die ich dir auf den folgenden Seiten genauer vorstelle.

Siegel: Anhand der verschiedenen Siegel erkennst du, welche Richtlinien bei der Herstellung der Kleidung beachtet wurden. Du kannst dich darauf verlassen, dass die Angaben stimmen, da die Siegel regelmäßig kontrolliert werden. Eine Übersicht mit den nötigen Informationen habe ich ab Seite 63 zusammengestellt.

Stoffe: Der Anbau, die Verarbeitungen und die Qualität der einzelnen Stoffe trägt zu großen Teilen zur Langlebigkeit und somit auch zur Nachhaltigkeit der Kleidungsstücke bei. Welche Stoffe in welchen Aspekten nachhaltig sind und was sie besonders umweltfreundlich macht, findest du ab Seite 65.

Firmenphilosophie: Meistens findet man auf den Webseiten der Labels Informationen zum Engagement und zur Philosophie des Labels. Oft gibt es eine Rubrik zur Nachhaltigkeit oder Firmenphilosophie, in der alles über die schon erreichten Standards und/oder die angestrebten Ziele steht.

SIEGEL

Siegel sind Fluch und Segen zugleich, finde ich. Im Idealfall vermitteln sie einen guten und schnellen Überblick über die Herstellung eines Produkts sowie über die Werte, die dahinterstehen. Das kann einem die Kaufentscheidung erleichtern. Allerdings gibt es heutzutage einen regelrechten Siegel-Dschungel, darunter sind leider immer wieder Kandidaten, die auf den ersten Blick gut wirken. Doch nach genauerem Hinschauen stellt man fest, dass die Hersteller doch nicht so viel Wert auf Nachhaltigkeit und Fairness legen, wie man zuvor vermutet hat.

Man sollte sich immer vor Augen halten, dass die meisten Siegel für die Hersteller kostenpflichtig sind. Weil sie jedoch für einen größeren Umsatz sorgen, bezahlen die Hersteller gern dafür. Je mehr Hersteller ein Siegel übernehmen, desto höher sind folglich die Einnahmen für die Firmen, die die Siegel herausgeben.

Ein weiterer Punkt, den man beachten sollte, ist, dass mitunter nur einzelne Kleidungsstücke für gewisse Siegel geprüft wurden und nicht die komplette Produktion. Es kann also durchaus sein, dass auf der Website eines Labels Siegel angegeben sind, die für bestimmte Kleidungsstücke gelten, jedoch nicht für die gesamte Kollektion. Deswegen ist es immer wichtig herauszufinden, wie der Hersteller mit Transparenz umgeht und wie viel er über die tatsächliche Produktion und Herkunft preisgibt. Versteife dich also am besten nicht nur auf ein Siegel, sondern schau dir das Gesamtpaket an.

Ich kann leider nicht alle Siegel im Buch aufnehmen, weil es inzwischen viele verschiedene gibt. Ich habe mich deshalb auf die Siegel beschränkt, die im Hinblick auf Transparenz die beste Bewertung bekommen haben. Im Anhang (siehe Seite 143) sind Websites aufgelistet, auf denen du eine Beurteilung von Siegeln findest.

	**GOTS – Global Organic Textile Standard** GOTS ist der führende Standard für zertifizierte Naturfasern, bei dem die Einhaltung von Umwelt- und Sozialkriterien überprüft wird. Mindestens 70 % der Naturfasern stammen aus kontrollierter biologischer Landwirtschaft oder Tierhaltung. Gibt es noch den Zusatz »Organic«, kommen 95 % der verwendeten Fasern aus kontrollierter biologischer Landwirtschaft oder Tierhaltung.
	**Fairtrade Cotton** Das Siegel zeichnet Rohbaumwolle aus, die fair angebaut und gehandelt wurde. Durch die gesicherten fairen Preise können die Bauern die Kosten der nachhaltigen Produktion decken.

Fair Wear Foundation

Labels mit diesem Siegel verpflichten sich zur Verbesserung ihrer Arbeitsweisen und -prozesse in den CMT-Phasen der Herstellung (CMT steht hier für „Cut, Make, Trim"), also den Phasen der Herstellung, in denen die Bekleidungsarbeiter*innen die Rohstoffe zu den Designs der Endprodukte verarbeiten. Hier haben die Marken nämlich den größten Einfluss auf die Arbeitsbedingungen.

Der Grüne Knopf

Der Grüne Knopf ist ein staatliches Siegel, das soziale und ökologische Produktkriterien sowie 54 Unternehmenskriterien beinhaltet. Label mit diesem Siegel übernehmen systematisch Verantwortung für die Einhaltung von Menschen- und Umweltrechten in ihren Textil-Lieferketten sowie für eine nachhaltige Produktion.

Naturland–Textilien

Das Siegel »Naturland« wird an Labels vergeben, die ökologischen Landbau mit sozialer Verantwortung und fairem Handel verbinden. Textilien, die mit diesem Siegel ausgezeichnet sind, müssen mindestens aus 95 % ökologischen Naturfasern bestehen.

Cradle To Cradle
Die Zertifizierung »Cradle to Cradle Certified« erhalten Produkte, die die folgenden fünf Kriterien nachweislich erfüllen: Materialgesundheit, Kreislauffähigkeit des Produkts, saubere Luft und Klimaschutz, Wasser- und Bodenverantwortung sowie soziale Fairness.

TEXTILIEN

Der Stoff ist ein ausschlaggebendes Kriterium für die Nachhaltigkeit der Kleidung. Im Folgenden stelle ich dir eine Auswahl von Stoffen vor, die ich gut finde. Welcher Stoff für welche Kleidung geeignet ist, probiert jede*r am besten für sich selbst aus. Man sollte jedoch auch immer im Kopf behalten, nicht nur auf den Stoff zu achten, sondern zum Beispiel auch auf die Färbemittel. Selbst wenn ein Material als »Bio-Baumwolle« ausgezeichnet wurde, heißt es nicht, dass auch beim Färben oder in der weiteren Produktion ohne Schadstoffe gearbeitet wurde. Die meisten Labels, die auch zum Beispiel beim Färben auf umweltfreundliche Produkte achten, schreiben das auf ihre Website oder in manchen Fällen sogar direkt aufs Etikett. Dann erhält man schon im Geschäft viele Informationen über die Kleidungsstücke.

Lyocell (Tencel): Die Namen Lyocell und Tencel beschreiben im Grunde denselben Stoff, wobei Tencel der geschützte Markenname der Lenzing AG ist. Die Faser wird aus Holz (meist Eukalyptus) industriell gefertigt. Der Stoff ist fest, seidig und schmiegt sich angenehm an den Körper an. Meine Teile aus Tencel trage ich sowohl im Winter als auch im Sommer gern, da der Stoff wärmt, aber auch kühlt. Der Vorteil von Lyocell ist, dass bei der

65

Produktion keine schädlichen Nebenprodukte entstehen, außerdem wird das bei der Produktion verwendete Lösungsmittel immer wieder recycelt.

Bio-Baumwolle: Bei Bio-Baumwolle wird anders als bei konventioneller Baumwolle auf den Einsatz von chemischen Pestiziden und Düngemitteln, also Schadstoffen, verzichtet. Außerdem wird Bio-Baumwolle im Wechsel mit anderen Pflanzenarten angebaut. Diese Anbauweise unterstützt die natürliche Bodenfruchtbarkeit, wodurch die Anfälligkeit für Pflanzenkrankheiten und Schädlinge reduziert wird. Das funktioniert zum Beispiel so, dass um die Baumwollfelder Pflanzen angebaut werden, die die größten Schädlinge der Baumwolle anlocken und sie somit von der wertvollen Baumwolle abhalten.

Bio-Leinen: Leinen besteht zum großen Teil aus den Fasern der Flachspflanze, dadurch kann es wieder biologisch abgebaut werden. Bei dem Anbau von Bio-Leinen wird auf Fungizide, Herbizide und Pestizide verzichtet. Die Flachspflanze wird beispielsweise zusammen mit Klee angepflanzt, um das natürliche Gleichgewicht des Bodens zu erhalten.

Hanf: Die Hanfpflanze ist leicht anzubauen, wächst schnell und ist sehr ergiebig (ein Hanffeld derselben Größe wie ein Baumwollfeld liefert dreimal so viel Ertrag). Außerdem ist der Anbau der Hanfpflanze an sich bio, da sie so robust und unempfindlich ist, dass für den Anbau keine Pestizide, Düngemittel oder Herbizide gebraucht werden. Vorteile von Stoffen aus Hanf sind zum Beispiel, dass sie antibakteriell sind sowie sehr gut verträglich für empfindliche Haut. Außerdem wirken sie temperatur- und feuchtigkeitsregulierend.

SHOPPINGTOUR

Jetzt bist du mit vielen nützlichen Informationen über nachhaltig produzierte Kleidung ausgestattet und die Shoppingtour kann endlich losgehen. Am besten legst du zuerst fest, worauf du Wert legst. Welche Kriterien sind für dich wichtig? Bei der Auswahl können dir meine Erklärungen zu den Siegeln (siehe Seite 63) und Stoffen (siehe Seite 65) helfen. In welchen Geschäften du Fair-Fashion einkaufen kannst, kannst du auf folgenden Websites nachschauen:

- Findeling.de: Auf der Website oder in der App findest du die verschiedensten Geschäfte in deiner Umgebung und kannst sie nach unterschiedlichen Produktgruppen filtern.
- Fairfashionguide.de: Auf der Website gibt es einen gut gefüllten Fashion-Finder. Man kann dort zum Beispiel nach Damen-, Männer- und Kindermode filtern.
- Thelabelfinder.de: Wenn du schon den Namen des Labels weißt, das du dir ansehen möchtest, ist thelabelfinder etwas für dich. Dort ist angegeben, in welchen Läden die Labels erhältlich sind. So kannst du herausfinden, wo dein Lieblingslabel bei dir in der Nähe zu bekommen ist.

NIMM DEINEN EIGENEN
BEUTEL MIT, UM MÜLL
ZU VERMEIDEN

Online oder in Läden shoppen?

Ich denke, bei diesem Thema sollte man zwischen dem sozialen und dem umweltfreundlichen Aspekt unterscheiden. Es ist gut, nicht immer gleich per Mausklick zu bestellen, denn wenn wir nicht mehr in den Geschäften vor Ort einkaufen, müssen diese nach und nach schließen. Der Vorteil, die Geschäfte in der näheren Umgebung zu besuchen, ist: Man bekommt eine freundliche und persönliche Beratung und kann die Kleidungsstücke nicht nur auf dem Bildschirm ansehen, sondern auch anfassen und anprobieren. Dennoch gibt es manchmal Produkte oder Situationen, bei denen es aus den unterschiedlichsten Gründen nicht möglich ist, in lokale Geschäfte zu gehen. In diesen Fällen findet man im Internet eine große Auswahl an nachhaltiger und fairer Kleidung. Bestellt man nachhaltige Produkte online, drängt sich einem die Frage auf, ob das überhaupt noch nachhaltig sei. Darüber lässt sich ausgiebig diskutieren, denn es gibt dafür keine pauschale Antwort. Hier spielen so viele Faktoren eine Rolle, dass man die Frage eigentlich nur für einzelne Produkte beantworten kann. Um die Nachhaltigkeit zu beurteilen, müssen Produktion, Lieferwege, Lagerung oder zum Beispiel auch der Einkaufsweg vom Kunden zum Geschäft usw. in Betracht gezogen werden. Dadurch, dass die Frage sich nicht eindeutig beantworten lässt, merkt man auch, dass keine der beiden Optionen mit großem Abstand nachhaltig oder weniger nachhaltig ist. Das Wichtigste ist meiner Meinung nach, dass man hier eine Balance beibehält, um auch die lokalen Läden in der Umgebung zu unterstützen. Gibt es dort aber mal nicht das Kleidungsstück, das man sucht, ist es auf jeden Fall auch o.k., ein nachhaltiges Produkt online zu bestellen.

FAIR FASHION

FASHION REVOLUTION WEEK

Nach einem schweren Unglück in der Textilfabrik Rana Plaza in Bangladesch wurde der Fashion Revolution Day ins Leben gerufen. In der Textilfabrik waren rund 5000 Menschen angestellt, die unter widrigsten Arbeitsbedingungen ihren Job ausübten. Bei dem Einsturz des Gebäudes am 24. April 2013 kamen 1136 Menschen ums Leben und etwa 2500 wurden verletzt. Das Tragische ist, dass bereits einen Tag vor der Katastrophe deutliche Risse im Gebäude erkennbar waren. Eine frühzeitige Evakuierung hätte verhindern können, dass so viele Menschen ihr Leben verlieren. Die Fabrik wurde zum Symbolbild für die schlechten und unsicheren Arbeitsbedingungen in diesen Ländern. Oft schuften die Arbeiter*innen über 12 Stunden am Tag in einer Textilfabrik unter extrem schlechten Bedingungen und für einen Hungerlohn.

Seit diesem Vorfall versammeln sich im Rahmen der Fashion Revolution Week viele Menschen, Labels und Organisationen, um auf die Missstände und die Auswirkungen von Fast Fashion aufmerksam zu machen. Denn wir sollten immer im Kopf behalten, dass für den günstigen Preis unserer Kleidung jemand anderer bezahlt. Das können die Arbeiter*innen in den Fabriken sein, Zulieferer oder auch Bauern, die für die Rohstoffe sorgen.

Letztendlich zahlt auch unsere Umwelt ihren Preis, weil Umweltstandards nicht eingehalten werden, damit die Kosten so gering wie möglich sind. Zum Beispiel sind in China, dem wichtigsten Land in der Textilbranche, über zwei Drittel der Flüsse und Seen mit Giftstoffen aus den Textilfabriken verschmutzt. Gelangen die Schadstoffe einmal in die freie Natur, landen sie wenig später durch die Nahrung oder im Wasser wieder bei uns. Rund um die Fashion Revolution Week gibt es die verschiedensten Aktionen, um auf diese schwierige Thematik aufmerksam zu machen.

#WHOMADEMYCLOTHES?

#WhoMadeMyClothes ist wohl eine der bekanntesten Aktionen rund um die Fashion Revolution Week. Bei der Aktion werden in verschiedenen Social-Media-Kanälen Bilder geteilt, auf denen Menschen ihre Kleidungsstücke auf links tragen und das Etikett in die Kamera halten, sodass man das Label »Made in …« sehen kann; dazu wird der Hashtag #WhoMadeMyClothes gepostet. Wenn du Lust hast, such dein Lieblingsteil heraus und mach beim nächsten Mal mit.

SECONDHAND-KLEIDUNG

In Secondhand-Shops zu stöbern macht super viel Spaß, vor allem, wenn man ein paar Tricks auf Lager hat, um wahre Vintage-Schätze zu entdecken. Damit du erfolgreich bist und nicht gleich beim ersten Tragen enttäuscht wirst, ist es hilfreich, eine kleine Checkliste im Kopf zu haben. Damit kannst du schnell entscheiden, ob sich der Kauf lohnt, sodass er sich im Nachhinein nicht als Fehlkauf entpuppt. Zumindest ist das meine Vorgehensweise – und ich habe damit sehr gute Erfahrungen gemacht.

EINKAUFEN WIE EIN PROFI

In Secondhand-Läden, kann man richtig tolle Sachen finden. Secondhand zu kaufen ist eigentlich die nachhaltigste Variante, sich neue Stücke für den eigenen Kleiderschrank anzuschaffen, denn hierbei trägt man Kleidung, die es schon gibt. Sie wird nur von anderen Personen nicht mehr getragen, du trägst sie weiter und es muss nichts Neues produziert werden. Was ich persönlich auch schön an Secondhand-Käufen finde, ist, dass ich dabei manchmal ein Teil finde, das ich neu nicht kaufen würde. Zum Beispiel ergeht es mir bei diesen schwarzen, leicht durchsichtigen Oberteilen so. Neu möchte ich sie nicht kaufen, weil sie aus purem Polyester bestehen und das meinen Erwartungen an nachhaltige Kleidung widerspricht.

Finde ich so ein Oberteil hingegen Secondhand und es gefällt mir, nehme ich es gerne mit. Bei der Pflege von Kunstfaserkleidung ist es mir jedoch sehr wichtig, auf den richtigen Umgang zu achten, sodass die Umwelt möglichst wenig belastet wird. Bei Kunstfasern heißt das, die Kleidungsstücke in einem extra dafür vorgesehenen Wäschebeutel zu waschen. Während des Waschens lösen sich durch die starke Reibung immer wieder kleine Kunstfasern, die als Mikroplastik in unseren Wasserkreislauf gelangen und nicht mehr herausgefiltert werden können.

Wäschesäcke, die das Mikroplastik beim Waschen zurückhalten, gibt es zum Beispiel von der Firma »Guppyfriend«. Wenn die Wäsche gewaschen und entnommen ist, sieht man in den Ecken die kleinen Fasern, die sich während des Waschens gelöst haben. Diese können dann einfach herausgenommen und im Müll entsorgt werden.

Trotz der vielen Vorteile des Secondhand-Shoppings sollte man die Augen immer etwas offener halten, um die guten Teile von den weniger guten zu unterscheiden. Denn nicht alles, was man in Secondhand-Läden findet, ist von guter Qualität oder in einem guten Zustand. Manchmal sind ein paar Fäden locker, Knöpfe fehlen oder abgenutzte Kanten lassen erahnen, dass einem das Kleidungsstück nicht mehr allzu lang erhalten bleibt. Manche Schäden lassen sich mit ein paar einfachen Handgriffen beheben, wie beispielsweise einen Knopf annähen, andere sind jedoch etwas aufwendiger. Nur weil ein Teil vielleicht noch ein wenig Ausbesserung nach dem Kauf braucht, um getragen zu werden, heißt es nicht gleich, dass du es liegen lassen solltest. Dir sollte lediglich vor dem Kauf bewusst sein, womit du es zu tun hast, damit du später keine bösen Überraschungen erlebst oder enttäuscht bist. Bist du dir der Fehler und Makel bewusst, die das Kleidungsstück hat, kannst du abwägen, ob du es trotz kleiner Fehler kaufen möchtest, weil du dich zum Beispiel schockverliebt hast und es dir der Mehraufwand wert ist, um danach ein neues Lieblings-Kleidungsstück zu haben. Sollte es dir zu viele Umstände machen, halte am besten nach einem anderen Kleidungsstück Ausschau, das in einem fehlerfreien Zustand ist. Vielleicht kommt es dir so vor, dass es der Grundmessage meines Buchs widerspricht, wenn ich schreibe, dass man ein Kleidungsstück lieber doch nicht kauft – auch wenn es sich ausbessern lässt. Schließlich betone ich immer wieder, wie wichtig es ist, Kleidung lange zu benutzen. Grundsätzlich finde ich es immer gut, Kleidung zu reparieren. Meine Anmerkungen sollen dir einfach helfen, eine schöne und erfolgreiche Shoppingtour zu erleben, und zwar mit demselben Komfort und Ergebnis, wie bei einer Shoppingtour von neu produzierten Textilien. Letztendlich kann jede*r für sich selbst entscheiden, ob er/sie ein Kleidungsstück trotz kleiner Fehler kauft. Auf meiner Secondhand-Checkliste habe ich hinter jedem Punkt eine Einschätzung abgegeben, wie groß der Aufwand ist, fehlerhafte Stellen zu reparieren. Auch zwischen Secondhand-Läden gibt es Unterschiede bezüglich der Qualität, die man erwarten kann. In kleinen Secondhand-Läden, die auch Kleidung zum Verkauf annehmen, findet man schon qualitativ geprüfte Kleidungsstücke. Bei beispielsweise größeren Vintage-Läden, die keine Ware von Kunden zum Verkauf annehmen, muss man ein bisschen genauer hinschauen, wenn man auf Schatzsuche ist. Denn die Kleidung wird dort oft in größeren Bündeln von Großhändlern gekauft, wodurch nicht jedes einzelne Stück sorgfältig geprüft werden kann, wie es in kleinen Secondhand-Läden der Fall ist. Also, dann legen wir mal los mit dem kleinen Secondhand-Shopping-Workshop!

CHECKLISTE FÜR SECONDHAND-KLEIDUNG

○ **Stoff prüfen:** Bei manchen Stoffen kann man gleich fühlen, in welchem Zustand das Material ist und ob die Qualität gut ist. Wenn beispielsweise einzelne Fäden aus dem Stoff hängen, kann man davon ausgehen, dass das Kleidungsstück nicht mehr allzu lange hält. Wichtig ist auch ein kritischer Blick auf die typischen Schwachstellen. Beispielsweise nutzt sich bei Jeans an den Innenseiten der Oberschenkel der Stoff schnell ab, deshalb schaust du im besten Fall immer nach und prüfst, ob er dort noch fest ist. Diese Stellen lassen sich nicht ganz einfach reparieren, es sei denn, du bist geübt mit der Nähmaschine. Wenn du dir übrigens nicht sicher bist, um welche Stoffart es sich handelt, wirf einen Blick aufs Etikett. Wenn du Glück hast, ist es nicht herausgeschnitten und du kannst nachlesen, um welches Material es sich handelt.

○ **Nähte überprüfen:** Es lohnt sich auch immer, die Nähte zu kontrollieren. Sind die Fäden alle straff und hängt keiner heraus? Mir ist schon einmal beim ersten Tragen eines Secondhand-Kleidungsstücks passiert, dass eine lockere Naht aufgerissen ist. Das kann in der Öffentlichkeit ziemlich unangenehm sein! Kennst du die Schwachstelle schon vor dem Kauf, repariere sie vor dem ersten Tragen oder lass sie in einer Änderungsschneiderei ausbessern – und schon ist dein neues Kleidungsstück bereit, dein Alltagsbegleiter zu werden.

○ **Knöpfe checken:** Es ist auch wichtig zu prüfen, ob alle Knöpfe vorhanden sind und falls ja, ob sie auch noch fest sitzen. Ist ein Knopf von einem Teil, das du kaufen möchtest, schon im Laden locker, reiß den Knopf ab und steck ihn am besten in eine Brust- oder Hosentasche, sodass du ihn nicht verlierst. Daheim kannst du ihn entspannt wieder annähen. Eventuell kannst du wegen der nötigen Reparatur einen kleinen Rabatt aushandeln.

○ **Auf Flecken untersuchen:** Kontrolliere, ob der Stoff keine Flecken hat. Sollten welche vorhanden sein, überlege dir gründlich, ob sie sich beim nächsten Waschgang entfernen lassen oder ob sie womöglich dauerhaft sind. Verschmutzungen müssen nicht immer dauerhaft sein, sie können auch einfach beim Umräumen oder Anprobieren im Laden entstanden sein, deswegen ist es für mich nicht gleich ein Kriterium zum Aussortieren. Stattdessen werfe ich einen genaueren Blick auf den Fleck und versuche zu erkennen, ob er sich gegebenenfalls leicht rauswaschen lässt oder eher so ausschaut, als wäre es ein dauerhafter Fleck.

○ **Farbton kontrollieren:** Das ist nicht nur ein Hack für Secondhand-Kleidung, sondern auch für neu produzierte. In vielen Geschäften herrscht künstliches Licht, sodass sich die Farbe nicht unbedingt richtig beurteilen lässt. Halte deshalb das Kleidungsstück ans Tageslicht, vielleicht in der Nähe der Eingangstür oder des Schaufensters. So kannst du den genauen Farbton besser erkennen. Manchmal bin ich echt überrascht, wie stark sich die Farbe verändert, wenn Tageslicht und kein künstliches Licht auf den Stoff fällt.

○ **Passform prüfen:** Auch beim Secondhand-Kauf gilt die goldene Regel: Zupft man schon im Laden am Kleidungsstück, dann sitzt es einfach nicht richtig. Jetzt gilt es abzuwägen, ob man entweder selbst mit der Nähmaschine Hand anlegt oder die Passform mit einem Gang zur Änderungsschneiderei verbessert werden kann, weil etwa die Taille sehr schmal ist und die Hüfte etwas breiter. Vielleicht passt das Kleidungsstück aber auch einfach nicht, dann lass es lieber liegen und stöbere weiter. Mit ein wenig Geduld und Ausdauer findest du bestimmt ein Teil, das dir auf Anhieb gut passt, mit dem du kaum Arbeit nach dem Kauf hast und das du sofort tragen kannst. Ein bisschen länger zu suchen, lohnt sich oft, denn sonst ärgert man sich später über den Fehlkauf.

KLEIDUNG LEIHEN

Seit ein paar Jahren hat sich in der nachhaltigen Fashion-Szene ein weiteres Modell entwickelt, und zwar Kleidung zu leihen. Wurde dies vor einigen Jahren noch selten praktiziert, außer vielleicht bei Abendmode, gibt es jetzt immer mehr Möglichkeiten, Kleidung auch für den Alltag zu leihen. Kleidung zu leihen oder verleihen bringt mehrere Vorteile mit sich – für einen selbst, für andere und für den nachhaltigen Fußabdruck des Kleidungsstückes. Ich bin ein großer Fan von geliehener Kleidung, da man mit geringen Kosten und ohne Verschwendung von Ressourcen die eigene Garderobe erweitern kann. So lassen sich neue Kombinationen oder Styles ausprobieren, bevor man sich etwas Neues kauft. Ich probiere gern neue Looks aus und ändere meine Lieblingsoutfits alle paar Monate, dafür ist es perfekt, mir Kleidung zu leihen. Wenn ich von einem bestimmten Look genug habe, kann ich die Kleidung einfach wieder zurückgeben und mir, wenn ich möchte, etwas anderes aussuchen. Mit gekaufter Kleidung lässt sich natürlich auch diese Abwechslung schaffen, wenn man sie wieder verkauft, aber damit ist ein bisschen mehr Aufwand verbunden, als wenn die Kleidung über einen Anbieter geliehen wurde, der darauf spezialisiert ist.

In den letzten Jahren haben einige Unternehmen Konzepte entwickelt, um einen nachhaltigen Kreislauf im eigenen Kleiderschrank zu unterstützen und zu erleichtern. Sie unterscheiden sich alle in ein paar Details, haben aber das gemeinsame Ziel, die Modewelt nachhaltiger und trotzdem abwechslungsreich für ihre Konsument*innen zu gestalten. Um dir einen guten Überblick über die Möglichkeiten zu geben, habe ich eine Handvoll unterschiedlicher Leihmodelle herausgesucht, die ich gut finde:

UNOWN
 @unownfashion

Bei Unown kannst du dir Kleidungsstücke einzeln oder im Abo leihen. Möchtest du dir regelmäßig Kleider leihen, gibt es verschiedene Abovarianten. Diese unterscheiden sich in der Anzahl der Teile, die du dir pro Monat leihst. Gefällt dir ein Artikel besonders gut, kannst du ihn auch einen weiteren Monat behalten und brauchst ihn nicht gegen einen neuen einzutauschen. Solltest du dich in ein geliehenes Teil verliebt haben, kannst du es Unown zu einem reduzierten Preis abkaufen.

FAIRNICA
 @fairnica

Bei Fairnica liegt der Hauptfokus darauf, ganze Capsules zu vermieten. Die Kund*innen wählen sich nicht einzelne Kleidungsstücke aus, sondern leihen eine von Fairnica zusammengestellte Capsule, in der alle Teile aufeinander abgestimmt sind und tolle Kombinationen ermöglichen. Probiert man dieses Konzept aus, kann man auch gleich schauen, ob eine Capsule-Wardrobe etwas für einen ist, ohne sich zuvor die Mühe zu machen, den eigenen Kleiderschrank in eine Capsule-Wardrobe umzustrukturieren. Hier kann man eine Capsule mit wenigen Mausklicken gleich nach Hause bestellen und die Vorteile von einer aufeinander abgestimmten Garderobe ausprobieren.

CLOTHESFRIENDS

 @clothesfriendscom

Bei CLOTHESfriends kannst du dir einzelne Kleidungsstücke zum Beispiel für einen besonderen Anlass mieten. Das Besondere ist, dass du bei CLOTHESfriends auch deine eigene Kleidung vermieten kannst. Das ist zum Beispiel super für den Fall, dass du ein schönes Kleid hast, das sich nur für bestimmte Gelegenheiten eignet und deshalb die meiste Zeit im eigenen Kleiderschrank herumhängt. Mit CLOTHESfriends kannst du deine Teile vorübergehend vermieten und so werden sie in der Zeit, in der du sie nicht benötigst, von jemand anderem getragen. Ein positiver Nebeneffekt ist, dass du jetzt ein bisschen Geld mit einem Kleidungsstück verdienst, das sonst nur im Kleiderschrank einstauben würde. Dadurch kannst du den Kaufpreis für dich wieder ein bisschen reinholen.

Tipp

Es ist nicht unbedingt eine Plattform nötig, um die Vorteile vom Leihen oder Verleihen von Kleidung zu genießen. Auch unter Freund*innen kann es Spaß machen, Kleidungsstücke auszutauschen. Wenn du etwas für einen bestimmten Anlass brauchst, frage doch eine Freundin oder einen Freund aus deinem Bekanntenkreis, ob sie oder er dir etwas Passendes leihen kann. Im Gegenzug, wenn du mitbekommst, dass jemand etwas braucht, kannst du auch ein Kleidungsstück aus deinem Kleiderschrank anbieten, was du gerade nicht anziehst. So werden Textilien weitergegeben und getragen, anstatt im Kleiderschrank zu versauern.

SCHUHE

Nicht nur Kleidungsstücke sind Teil eines nachhaltigen Kleiderschranks, sondern auch Schuhe. Hierbei ist zum einen zu bedenken, wo und welche Schuhe man kauft, und zum anderen, wie man sie richtig pflegt, um ihnen eine möglichst lange Lebensdauer zu schenken. Um umweltschonend produzierte Schuhe zu kaufen, kannst du zum Beispiel ein neues Modell von einem nachhaltigen Schuhlabel wählen. Weiter unten habe ich dir eine Liste von nachhaltigen Schuhlabels mit unterschiedlichen Modellen zusammengestellt, sodass alle Stile abgedeckt werden.

Außerdem gibt es selbstverständlich auch bei Schuhen die Möglichkeit, sie Secondhand zu kaufen. Ich persönlich bevorzuge es, Secondhand-Schuhe online zu kaufen – dabei verhält es sich für mich wie bei Secondhand-Hosen: Sie müssen richtig passen. Und dass man in einem Secondhand-Laden ein Modell findet, das einem gefällt und auch noch die richtige Größe und Passform hat, ist schon ein großer Zufall. Deswegen schaue ich auf der Suche nach Secondhand-Schuhen gern in Secondhand-Shopping-Apps – und werde dort auch meistens fündig. In den Apps gibt es eine überraschend große Auswahl an ungetragenen Schuhen, die dem Besitzer einfach nicht gepasst oder gefallen haben und sich auf einen neuen Besitzer freuen, der sie auch wirklich trägt.

Um Schuhe möglichst lange tragen zu können, gehört es dazu, ihnen immer mal wieder ein wenig Aufmerksamkeit zu schenken. Das kann bei Lederschuhen das Pflegen mit einer Schuhcreme sein, damit das Material mit der Zeit nicht brüchig wird, oder aber auch ein Besuch beim Schuster. Der kann dir weiterhelfen, wenn deine Schuhe einen defekten Reißverschluss haben, eine neue Sohle brauchen oder eine Naht aufgegangen ist. Reparaturen beim Schuster sind oft sehr schnell erledigt und viel preiswerter und ressourcenschonender, als sich neue Schuhe zu kaufen.

Es gibt nur eine Ausnahme, bei der ich dir empfehlen würde, nicht den Schuster deines Vertrauens aufzusuchen, sondern dich an einen Spezialisten zu wenden: bei Sneakern. Oft sind »normale« Schuster nicht dafür ausgestattet oder haben nicht die Expertise, abgetragenen Sneakern neues Leben einzuhauchen. Dafür gibt es zum Glück Spezialisten wie zum Beispiel Sneaker Rescue. Bei Sneaker Rescue sendest du Fotos von deinen Sneakern ein und bekommst als Antwort einen Kostenvoranschlag. Wenn du das Angebot annehmen möchtest, schickst du deine Sneaker an Sneaker Rescue und bekommst sie innerhalb von 7–10 Tagen fast wie neu wieder zurück.

Im Anhang (siehe Seite 155) habe ich eine Liste von Schuhherstellern zusammengestellt, die faire und nachhaltige Schuhmode produzieren.

SCHMUCK

Ich muss zugeben, bei Schmuck habe ich erst relativ spät angefangen, mir Gedanken über eine nachhaltige und faire Produktion zu machen. Es war mir einfach nicht bewusst, dass es auch hierbei einiges zu beachten gibt, wenn man Wert auf einen nachhaltig ausgestatteten Kleiderschrank legen möchte. Deswegen habe ich für dich ein paar Tipps und nenne dir einige Labels, um dir eine nachhaltige Schmuckauswahl zu erleichtern.

Eine große Rolle spielt das Material bzw. dessen Herkunft. Wichtig ist es dabei, auf recyceltes oder Fairtrade-Material wie Gold oder Silber zu achten. Denn beim Edelmetallabbau werden Chemikalien eingesetzt, die sowohl der Umwelt als auch den Menschen, die in den Minen arbeiten, Schaden zufügen. Außerdem erfahren die Arbeiter*innen dort Ausbeutung und Diskriminierung. Hinzu kommt, dass der Minenabbau nach wie vor stark von Kinderarbeit betroffen ist. Um dagegen zu wirken, verwenden nachhaltige Schmucklabels Edelmetalle wie Fairtrade-Gold, recyceltes Gold oder Silber, das zum Teil aus alten Schmuckstücken oder Münzen wiederverwendet wird, sowie nachwachsende Rohstoffe wie Holz und Kork.

Auch bei Schmuck gibt es ein reiches Angebot an Secondhand-Ware, ich schaue zum Beispiel gern in kleine Antiquitäten-Schmuckläden. Dort entdecke ich immer mal wieder einen neuen Schatz für meine Schmuckkollektion.

Im Anhang (siehe Seite 157) habe ich eine Liste von Herstellern zusammengestellt, bei denen man nachhaltig produzierte Schmuckstücke kaufen kann.

Tipp

Löst sich nach einiger Zeit die Legierung von vergoldetem Schmuck, sodass

das untere Material zum Vorschein kommt, kannst du das Schmuckstück

entweder bei Juwelieren erneut vergolden lassen oder du nutzt den Service

nachhaltiger Schmuck-Labels. Nachdem dein Schmuckstück vergoldet und

veredelt ist, schaut es wieder aus wie neu.

3.

Kleiderpflege

MIKROPLASTIK

Ich persönlich war mir anfangs, als ich beschloss, meinen Kleiderschrank nachhaltig an-
zulegen, nicht bewusst, dass beim Waschen meiner Synthetikkleidung auch immer ein
gewisser Anteil an Mikroplastik mit ins Grundwasser gelangt. Kleidung aus synthetischen
Stoffen ist nicht nur problematisch, weil sie beim Entsorgen riesige Plastikmüllberge verur-
sacht, sondern auch, weil sie eben schon während der Benutzung kleine Mengen an Plastik
an unsere Umwelt abgibt. Das kann zum Beispiel durch den Abrieb während des Tragens
geschehen oder durch das Waschen. Bei jedem Waschgang lösen sich winzige Mikrofasern
von den Kleidungsstücken und gelangen ins Abwasser. Dort kann man sie nicht mehr herausfiltern, sodass sie Teil unseres Wasserkreislaufs werden.

Um dem beim Waschen in der Maschine schon grob vorzubeugen, kann man bestimmte
Beutel verwenden, sogenannte Guppyfriends. Diese Beutel bestehen aus einem Netz, das
die Fasern auffängt. Die Anwendung ist ganz einfach: Die schmutzigen Kleidungsstücke
legt man in den Beutel und steckt diesen, eventuell zusammen mit anderen Wäschestücken,
in die Maschine. Nach dem Waschen nimmt man die gesammelten Mikroplastikfasern aus
dem Beutel und gibt sie in den Hausmüll. Dadurch sorgt man dafür, dass weniger Mikroplastik beim Waschen in die Umwelt gelangt. Es ist auch gut, Kleidungsstücke nur dann zu
waschen, wenn sie es wirklich nötig haben. Denn manchmal hilft auch schon Lüften oder
Entfernen einzelner Flecken, um Kleidung aufzufrischen.

Mikroplastik

Unter Mikroplastik versteht man Plastikteilchen, die kleiner als fünf Millimeter sind. Sie gelangen durch die verschiedensten Einflüsse in unsere Umwelt. Die Textilindustrie kann ein Verursacher dafür sein, aber auch Reifenabrieb, Kosmetik oder Zerfall durch größere Plastikgegenstände können dazu beitragen. Wenn größere Plastikteile mit der Zeit immer kleiner werden, lösen sie sich nicht komplett auf, sondern verfallen aufgrund von Umwelteinflüssen wie zum Beispiel Wind oder Sonne in immer kleinere Teilchen, bis hin zu Mikroplastik. Mikroplastikpartikel sind problematisch, weil man sie aufgrund ihrer Größe nicht mehr oder nur sehr schwer aus unserer Umwelt herausfiltern kann. Deswegen sind sie mittlerweile überall zu finden.

2008 stellte das Fraunhofer-Institut für Umwelt-, Sicherheits- und Energietechnik fest, dass der Anteil an Mikroplastikpartikeln rund drei Viertel der 446 000 Tonnen Kunststoff ausmacht, die jährlich in Deutschland in die Umwelt freigesetzt werden. Das sind rund 330 000 Tonnen Plastikpartikel, die unter fünf Millimeter groß sind. Dafür, dass man die Teilchen nicht sieht, stellen sie eine unglaublich große Menge an »unsichtbaren« Schadstoffen dar.

Das Problem von Mikroplastik

Kunststoff wirkt wegen seiner Oberflächeneigenschaft wie ein Magnet auf Umweltgifte. Befinden sich beispielsweise Mikroplastikteilchen in schadstoffbelastetem Wasser, sammeln sich diese an der Oberfläche der Mikroplastikteilchen an, sodass die Schadstoffkonzentration an Mikroplastik bis zu 100-mal höher sein kann als in nicht belastetem Wasser. Werden diese Mikroplastikteile nun von Meeresbewohnern wie Muscheln oder Fischen aufgenommen, können die Schadstoffe im Verdauungstrakt freigesetzt werden und so dem Organismus schaden. Wenn wir diese Muscheln und Fische essen, gelangen sie wiederum in unseren Körper. Da die winzigen Mikroplastikpartikel im Nachhinein nicht ohne Aufwand aus dem Wasser herausgefiltert werden können, ist es wichtig, von vornherein zu verhindern, dass sie in unsere Umwelt gelangen.

Primäres und sekundäres Mikroplastik

Bei Mikroplastik unterscheidet man zwei verschiedene Arten: primäres und sekundäres Mikroplastik. Primäres Mikroplastik wird als solches hergestellt und beispielsweise Zahnpasta zugefügt, um die Zähne zu schleifen, oder Peelingcremes beigemischt, um die alten Hautschüppchen zu entfernen. Sekundäres Mikroplastik entsteht durch äußere Einflüsse, wie zum Beispiel durch das Waschen von synthetischer Kleidung. Aufgrund der Reibung während der Maschinenwäsche lösen sich Mikroplastikpartikel von den Synthetikfasern und gelangen so in unsere Umwelt.

Mikroplastik

HERKUNFT:
PEELINGS, REIFENABRIEB,
SYNTHETISCHE KLEIDUNG usw.

CA. 4 kg Mikroplastik
GELANGEN PRO JAHR PRO KOPF
IN DEUTSCHLAND IN DIE UMWELT.

KLEINER ALS 5 MM

ETIKETTEN RICHTIG LESEN

Die richtige Pflege ist das A und O, um deiner Kleidung ein langes Leben zu ermöglichen. Dies ist einer der wichtigsten Faktoren, wenn es um die Nachhaltigkeit von Kleidung geht. Denn für einen nachhaltigen Kleiderschrank ist es nicht nur von Bedeutung, woher die Kleidung stammt oder aus welchen Stoffen sie produziert ist, sondern auch, wie man letztendlich mit der Kleidung umgeht, sobald sie im eigenen Kleiderschrank ihren Platz gefunden hat. Damit sie so oft und lang wie möglich getragen werden kann, ist die richtige Pflege ausschlaggebend.

Auf den Etiketten im Inneren der Kleidung sind meist Pflegesymbole abgebildet. Wenn man sich noch nie damit beschäftigt hat, können diese schnell verwirrend wirken. Es sind einfach zu viele Zeichen mit minimalen Unterschieden, die nicht selbsterklärend sind, das heißt, man versteht die Zeichen und ihre Abweichungen nicht, ohne genau nachzulesen, was sie bedeuten. Damit die Kleidung die richtige Pflege bekommt und nicht versehentlich oder absichtlich in einen falschen Waschgang gerät, erkläre ich dir zur besseren Übersicht alle gängigen Pflege-Icons.

WASCHEN

Mit dem Waschbottich wird erklärt, wie und ob die Wäsche in der Waschmaschine gewaschen werden darf.

 Mit dem einzelnen Waschbottich ohne Extras wird gekennzeichnet, dass das Kleidungsstück in der Maschine gewaschen werden darf.

 Durch die Zahl wird angegeben, bei welcher Maximaltemperatur das Kleidungsstück gewaschen werden darf. Es ist kein besonderes Waschprogramm nötig.

 Der Strich unter dem Waschbottich gibt an, dass die Kleidung nur im Schonwaschgang gewaschen werden darf. Die angegebene Zahl im Waschbottich zeigt an, bei welcher Maximaltemperatur das Kleidungsstück gewaschen werden darf.

 Sind unter dem Waschbottich zwei Striche abgebildet, darf die Wäsche nur sehr schonend gewaschen werden. Das heißt im Klartext, am besten das Feinwasch- oder Wollprogramm nutzen und die Umdrehungszahl niedrig einstellen.

 Ist dieses Zeichen im Etikett abgebildet, darf die Wäsche nur mit der Hand mit lauwarmem oder kaltem Wasser gewaschen werden, damit das Material nicht strapaziert wird oder einläuft.

BLEICHEN

Durch das Dreiecksymbol wird angegeben, ob und wie das jeweilige Kleidungsstück gebleicht werden darf.

 Ist das Dreieck ohne Extras abgebildet, heißt das, du darfst das Kleidungsstück mit allen Mitteln bleichen.

 Ist das Dreieck mit einem Kreuz durchgestrichen, darf die Kleidung nicht gebleicht werden. Das gilt auch für Fleckensalze, bleichende Fleckenentferner oder ähnliche Mittel.

 Kleidungsstücke mit diesem Symbol dürfen nur mit Sauerstoffbleiche gebleicht werden. Chlorbleiche darf nicht verwendet werden.

 Ist ein »CL« im Dreieck vermerkt, darf das Kleidungsstück nur mit Chlorbleiche gewaschen werden.

TROCKNEN

Das quadratische Symbol erklärt, wie und ob die Kleidungsstücke getrocknet werden dürfen.

 Ist dieses Symbol abgebildet, darf die Wäsche nicht im Wäschetrockner getrocknet werden.

 Das Kleidungsstück sollte liegend getrocknet werden. Ich lege es dafür meistens auf ein Handtuch auf dem Boden.

 Die Wäsche kann auf der Wäscheleine zum Trocknen aufgehängt werden.

 Die Wäsche darf auf der Wäscheleine zum Trocknen aufgehängt werden, aber es muss darauf geachtet werden, dass diese im Schatten gespannt ist.

 Das Kleidungsstück darf im Trockner bei bis 60 °C getrocknet werden. Hat der Kreis im Inneren zwei Punkte, darf die Wäsche bei bis zu 80 °C getrocknet werden.

BÜGELN

Wie auf dem Icon zu erkennen, geht es bei diesem Symbol darum, ob und wie die Kleidungsstücke gebügelt werden dürfen.

 Das Kleidungsstück darf nicht gebügelt werden.

 Das Kleidungsstück darf bis maximal 110 °C gebügelt werden.

 Das Kleidungsstück darf bis maximal 150 °C gebügelt werden.

 Das Kleidungsstück darf bei 165–220 °C gebügelt werden.

KLEIDUNG NACHHALTIG PFLEGEN

Die richtige Pflege von Kleidung ist also ausschlaggebend für ihre Langlebigkeit. Geht man falsch mit Kleidungsstücken um, indem man zum Beispiel das falsche Waschprogramm benutzt (von der Temperatur ganz zu schweigen) oder sie zu häufig wäscht, kann das die Lebensdauer stark verkürzen, was sich wiederum negativ auf die Ökobilanz auswirkt. Um also so nachhaltig wie möglich mit der eigenen Kleidung umzugehen, spielt die richtige Pflege eine wichtige Rolle. Dadurch, dass zu häufiges Waschen die Kleidung strapaziert, ist es ratsam, möglichst wenig zu waschen und sich nach Alternativen umzusehen, um die Wäsche aufzufrischen.

ALTERNATIVEN ZUM WASCHEN

- **Lüften:** Bei schlechten Gerüchen hilft es, die Wäsche einfach nach draußen an die frische Luft zu hängen und mal richtig durchlüften zu lassen.
- **Einfrieren:** Um Bakterien, die für schlechten Geruch verantwortlich sind, zum Beispiel von Jeans zu entfernen, muss man sie nicht unbedingt heiß waschen, sondern kann sie auch einfrieren. Das geht einfach in einer Plastiktüte, zum Beispiel über Nacht oder für ein paar Tage. Klingt komisch, aber hilft – und schont die Hose.
- **Lüft-/Hygieneprogramm:** Wenn der Kauf einer neuen Waschmaschine ansteht, lohnt es sich, einen Blick auf Maschinen mit integriertem Lüft- und Hygieneprogramm zu werfen. Bei diesen Programmen wird die Wäsche nur durch Luft wieder aufgefrischt. Ich habe so eine Maschine und bin sehr happy damit, denn es geht schnell und ist unkompliziert. So spart man Wasser, schont die Kleidungsstücke und hat trotzdem immer frische Kleidung.
- **Punktuelles Reinigen:** Nur wegen eines kleinen Flecks muss nicht immer gleich das ganze Kleidungsstück in die Waschmaschine wandern. In dem Fall hilft es oft schon, einfach den Fleck punktuell zu entfernen. Das funktioniert zum Beispiel, wenn man mit

einem feuchten Tuch den Fleck wegtupft (Achtung: Tupfen, nicht reiben, sonst entstehen kleine Flusen). Bei etwas hartnäckigeren Flecken kann man auch einen der im nächsten Abschnitt vorgestellten Fleckenentferner einsetzen. Punktuelles Reinigen funktioniert immer am besten, wenn man möglichst schnell handelt.

- **Reparieren:** Eine Schwachstelle im Material deutet sich meist schon einige Zeit im Voraus an. Ich habe früher dazu geneigt, Kleidungsstücke immer so lang zu tragen, bis dann wirklich ein Loch entstanden oder eine Naht aufgegangen ist. Besser ist es aber, wenn man es gar nicht erst dazu kommen lässt und die Teile schon früher entweder selbst repariert oder in eine Änderungsschneiderei gibt.

- **Textilerfrischer:** Wenn man mal keine Zeit hat, um Textilien zu lüften und sie schnell wieder tragen möchte, kann man auch Textilerfrischer-Spray verwenden. Sie sind in Drogeriemärkten und gut sortierten Supermärkten erhältlich und lassen sich auch einfach selbst herstellen, mittlerweile wird die Auswahl an nachhaltigen Textilerfrischern auch immer größer (DIY-Rezepte siehe Seite 96).

OMAS FLECKENENTFERNER

Man braucht keine industriellen Wundermittel, um verschmutzte Kleidung zu waschen und strahlend frisch sauber zu machen. Oft helfen traditionelle Wäschehacks. Weil sie immer mehr in Vergessenheit geraten, erkläre ich dir hier meine Lieblingshacks.

BLUTFLECKEN ENTFERNEN

Blutflecken lassen sich super leicht mit kaltem Wasser entfernen, je frischer der Fleck, desto besser klappt es. Ich lege die Kleidungsstücke entweder vollständig in kaltes Wasser ein oder spüle den Fleck punktuell mit kaltem Wasser aus. Die Blutflecken lösen sich so sehr schnell, das Einzige, worauf man achten muss, ist, dass man kein heißes Wasser verwendet. Durch heißes Wasser gerinnt der Eiweißanteil im Blut und der Fleck dringt in die Stofffasern ein, wodurch er sich nicht mehr so leicht entfernen lässt. Nur beim Behandeln mit kaltem Wasser gehen sie immer raus. Selbst größere Blutflecken verschwinden mit etwas Geduld, indem man das kalte Einweichwasser immer wieder wechselt.

ROTWEIN UND WEISSWEIN

Es klingt verrückt, aber Rotweinflecken lassen sich mit Weißwein entfernen. Am besten gleich, wenn das Missgeschick passiert, etwas Weißwein auf die Verfärbung geben und so den Fleck verdünnen. Hat man gerade keinen Weißwein parat, hilft es auch, etwas Wasser auf den Fleck zu geben. Am besten funktioniert das, wenn man es kurz nach dem Missgeschick macht, sodass der Rotwein nicht in das Gewebe einziehen kann.

SONNENSCHEIN

Manche Flecken lassen sich einfach in der regulären Wäsche in der Waschmaschine auswaschen, aber einige auch leider nicht. Wenn sehr helle Kleidung Flecken aufweist, gibt es einen einfachen Hack ohne viel Aufwand – und zwar das Kleidungsstück in die Sonne legen. Ich mache das entweder vor dem Waschen in der Maschine oder danach, wenn der Fleck noch nicht rausgegangen sein sollte und ich das Teil nicht noch einmal mit der nächsten Maschine waschen möchte. Es ist ja schon sauber, bis auf den hartnäckigen Fleck. Am besten funktioniert der Hack, wenn die Kleidung nass ist, vorzugsweise in Monaten mit starker Sonneneinstrahlung. In der Regel bleichen die Flecken schon nach wenigen Stunden aus. Ich habe auch schon einmal ein weißes Shirt mit starken gelben Flecken mehrere Tage in die Sonne gelegt, und zwar so lange, bis die Flecken komplett verschwunden waren. Der Trick mit dem Sonnenschein funktioniert besonders gut bei natürlichen Materialien wie Baumwolle, Leinen usw. Extra-Tipp: Bei sehr hartnäckigen Flecken hilft es, zusätzlich etwas Zitronensaft auf die Flecken zu träufeln, da so die Kraft der Sonne verstärkt wird und der Fleck verschwindet.

NATRON UND ESSIG

Mit der Kombination aus Natron und Essig lassen sich viele Flecken entfernen. Quasi ein schneller, selbst gemixter Fleckentferner. Dafür streut man ein wenig Natron auf den Fleck, träufelt klaren Essig darüber und lässt das Ganze für etwa 10–15 Minuten einwirken. Um die Wirkung ein bisschen zu unterstützen, kann man die Paste ins Gewebe einmassieren, sodass der Fleckenentferner auch wirklich überall hingelangt. Anschließend das Kleidungsstück wie gewohnt waschen.

GALLSEIFE

Ein Stück Gallseife wirkt wie ein Fleckenstift. Einfach die Gallseife etwas anfeuchten und den zu behandelnden Fleck großzügig damit einreiben. 15 Minuten einwirken lassen, dann das Kleidungsstück in die Wäsche geben. Mit Gallseife lassen sich die unterschiedlichsten hartnäckigen Flecken entfernen wie zum Beispiel Schweiß-, Fett- und Obstflecken.

DIY-REZEPTE

FLECKENENTFERNER

Du brauchst:

1/2 Tasse Essigessenz • 1/4 Tasse Wasser • 1/4 Tasse Natron

SO GEHT'S:

Mische alle Zutaten und rühre so lange, bis sich das Natron vollständig aufgelöst hat. Am besten verwendest du warmes Wasser, darin löst sich das Natron besser auf und dein selbst gemachter Fleckenentferner ist schneller fertig.

ANWENDUNG

Gib die entstandene Paste auf die Flecken und lass sie etwa 10–20 Minuten einwirken. Danach kannst du die Paste ausspülen und das Kleidungsstück mit der anderen Wäsche in der Maschine waschen. Wenn du an einem Kleidungsstück zum ersten Mal den Fleckenentferner ausprobierst, teste ihn am besten an einer nicht sichtbaren Stelle, damit du sicher sein kannst, dass keine ungewünschten Verfärbungen eintreten.

TEXTILERFRISCHER

 Du brauchst:

450 ml abgekochtes Wasser • 50 ml Wodka (alternativ Korn) •
1 EL Natronpulver • 10–15 Tropfen ätherisches Öl, Duft nach Wahl • Sprühflasche

SO GEHT'S:

Lass das Wasser auf lauwarme Temperatur abkühlen. Dann füll Wasser und Alkohol in die Sprühflasche. Gib das Natron dazu und schüttel alles kräftig durch. Sobald sich das Natron aufgelöst hat, kannst du das ätherische Öl hinzugeben und alles noch einmal gut mischen.

ANWENDUNG

Egal ob Polstermöbel oder Kleidungsstücke, wann immer etwas einen besseren Duft verträgt, gib einfach ein paar Spritzer Textilerfrischer auf die Gegenstände und schon verliert sich der unangenehme Geruch.

Tipp

Um deine selbst gemachten Reiniger auch nachhaltig aufzubewahren, kannst du alte Sprühflaschen von verbrauchten Putzmitteln aufheben und für Textilerfrischer, Fleckenentferner oder Waschmittel weiterverwenden. Hast du keine passende Flasche mit Sprühaufsatz, kannst du dir auch nur die Aufsätze oder gleich eine Flasche mit Aufsatz in einem Drogeriemarkt kaufen. Am besten wählst du die Größe der Flasche so aus, dass du beim Herstellen des Mittels noch genug Platz in der Flasche hast, um alles gut durchzuschütteln. Alternativ kannst du auch erst das Spray in einem größeren Gefäß herstellen. Gut durchmischen und die Mischung in eine passende Flasche mit Sprühaufsatz füllen. Das reduziert Müll und du sparst Geld, weil du nicht extra neue leere Sprühflaschen kaufst, sondern deine alten, schon vorhandenen weiterverwendest. Achte jedoch darauf, dass du sie gut reinigst, bevor du etwas Neues hineinfüllst – nicht alle Inhaltsstoffe vertragen sich miteinander. Reinige auch den Sprühkopf, damit auch die letzten Reste des alten Mittels verschwinden. Das funktioniert am besten, indem du durch den Sprühkopf ein paar Mal klares Wasser sprühst. Zum Schluss ist es noch ratsam, ein Etikett auf die Flasche zu kleben, auf dem die Inhaltsstoffe stehen. Nach einiger Zeit vergisst man das leicht, und vor allem wissen so auch alle anderen Personen im Haushalt, was in der Flasche ist, sodass keine Missgeschicke passieren.

KASTANIENWASCHMITTEL

VARIANTE 1

Du brauchst:

4 Kastanien (Rosskastanien) • Netz zum Zubinden • Messer • Schneidebrett

SO GEHT'S:

Schäle die Kastanien, leg sie auf das Schneidebrett und viertele sie. Gib anschließend die zerkleinerten Kastanien in das Netz und binde es fest zu.

ANWENDUNG

Gib das Netz mit den Kastanien direkt in die Waschtrommel und verwende die Kastanien wie Waschnüsse.

VARIANTE 2

Du brauchst:

1 Handvoll Kastanien • Wasser • Einweckglas

SO GEHT'S:

Schäle die Kastanien und viertele sie. Gib sie in das Einweckglas und fülle es mit Wasser auf. Lass die Kastanien über Nacht im Glas, dadurch gehen die Saponine, die für die Waschkraft der Kastanie verantwortlich sind, in das Wasser über, das du dann als selbst gemachtes Flüssigwaschmittel verwenden kannst. Dafür musst du nur noch die Kastanien aus dem jetzt leicht milchigen Wasser heraussieben (die Kastanien brauchst du nicht mehr) – und fertig ist dein Waschmittel.

Tipp

Egal ob du Variante 1 oder 2 von dem selbst gemachten Kastanienwaschmittel bevorzugst, wichtig ist, die Kastanien nach dem Sammeln gleich zu verarbeiten. Frische Kastanien sind nicht so hart und lassen sich leichter schälen und schneiden.

Für den Vorrat:

1. Die Kastanien schälen. (Kastanien können auch ungeschält zum Waschen verwendet werden, aber vor allem bei heller Wäsche ist Schälen einfach besser, da die dunkle Schale ungewollte Flecken hinterlassen könnte.)
2. Die Kastanien in kleine Stücke schneiden.
3. An einem trockenen Ort lagern.

Damit die Kastanien nicht schimmeln, ist es wichtig, sie vor der Einlagerung gut zu trocknen. Ich verteile sie dafür auf einem Backblech und stelle es 1–2 Tage auf eine Heizung. Sind die Kastanien gut getrocknet, kann man sie einlagern.

EFEU-WASCHMITTEL

VARIANTE 1

Du brauchst:

10 Efeublätter • Netz zum Zubinden

ANWENDUNG

Gib 10 halbierte Efeublätter in das Netz und lege es zu deiner Wäsche in die Trommel.

ANMERKUNG

Die Efeupflanze enthält Giftstoffe, die Hautreizungen verursachen können. Stelle daher lieber vorher sicher, dass du keine Allergie hast. Außerdem könnte die dunkelgrüne Farbe der Efeublätter auf weißer Wäsche zu Verfärbungen führen. Wenn du auf Nummer sicher gehen willst, nimm das Efeu-Waschmittel lieber nur für dunkle Wäsche.

VARIANTE 2

Du brauchst:

15–20 Efeublätter • 1 Liter Wasser • Schüssel • Sieb • Flasche oder Einweckglas

SO GEHT'S:

1. Bringe das Wasser zum Kochen und schneide in der Zwischenzeit die Efeublätter klein.
2. Gib die zerkleinerten Efeublätter in eine Schüssel und übergieße sie mit dem aufgekochten Wasser.
3. Jetzt muss das Ganze über Nacht ziehen. Am nächsten Morgen seihe das fertige Waschmittel durch ein Sieb ab und fülle es in eine Flasche oder ein Einweckglas. Die Efeublätter entsorgen.

Tipp

Um Grauschleier zu vermeiden, gib 1 Esslöffel Soda in die Waschmaschine. So verleihst du dem Waschmittel extra Waschkraft und deine Waschmaschine wird gegen Verkalkung geschützt.

WASCHPULVER

 Du brauchst:

200 g Kernseife • 300 g Natron • 300 g Soda • ätherisches Öl, Duft nach Wahl

SO GEHT'S:

Raspel die Kernseife in kleine Stücke. Gib die Seifenraspel mit Natron und Soda in eine Schüssel und vermische alles gut. Jetzt füge ein ätherisches Öl hinzu – und das Waschmittelpulver ist fertig.

ANWENDUNG

Gib je nach Verschmutzung der Wäsche 3–5 Esslöffel Waschpulver in das normale Wasch-mittelfach der Waschmaschine.

WEICHSPÜLER BUNTWÄSCHE

Du brauchst:

ca. 500 ml klaren Essig • 10–15 Tropfen ätherisches Öl, Duft nach Wahl

SO GEHT'S:

Für einen selbst gemachten Weichspüler brauchst du nur klaren Essig. Auf Wunsch kannst du noch ein paar Tropfen von einem ätherischen Öl hinzugeben, damit deine Wäsche an-genehm duftet.

ANWENDUNG

Pro Waschladung kommen etwa 50 ml selbst gemachter Weichspüler in die Wäschetrommel.

WEICHSPÜLER HELLE WÄSCHE

 Du brauchst:

5 EL Zitronensäure • 1 Liter Wasser • ätherisches Öl, Duft nach Wunsch

SO GEHT'S:

Löse die Zitronensäure in einer Schüssel in dem Wasser auf, füge ein paar Tropfen des ausgewählten ätherischen Öls hinzu und vermische alles gründlich. Jetzt ist der Weichspüler fertig und kann in eine Flasche gefüllt werden.

ANWENDUNG

Pro Waschladung kommen etwa 50 ml selbst gemachter Weichspüler in die Wäschetrommel.

ANMERKUNG

Weichspüler ist besonders wichtig, wenn man selbst gemachtes Waschmittel verwendet. Insbesondere in Gegenden mit hartem Wasser kann die Waschmaschine ohne Weichspüler schnell verkalken.

FUSSEL ENTFERNEN

Manche Kleidungsstücke sind noch top in Schuss, sind aber an einigen Stellen durch starke Reibung beim Tragen oder durch häufiges oder falsches Waschen fusselig geworden. Die Fusseln kann man ganz leicht mit den richtigen Tools entfernen. Es gibt Fusselentferner in vielen verschiedenen Ausführungen, die jeweils ihre Vor- und Nachteile haben, deshalb habe ich hier eine Liste von meinen Favoriten und mit ihrem entsprechenden Einsatzgebiet zusammengestellt. Je nach Stoff und Stärke verwende ich also einen anderen Fusselentferner.

Manche Stoffe sind sehr empfindlich, deshalb sollte man vorsichtig sein und feine Werkzeuge verwenden. Ansonsten riskiert man es, Fäden zu ziehen oder sogar Löcher einzustechen. Bei anderen Materialien helfen zu leichte Werkzeuge gar nicht und die Fusseln oder Haare bleiben hartnäckig an Kleidung oder Polstern. Unabhängig vom Tool bearbeitet man am besten zunächst einmal sehr vorsichtig eine unauffällige Stelle, um die Wirkung zu testen.

FUSSELRASIERSTAB AUS HOLZ UND METALL

Dieser Stab ist perfekt fürs Grobe. Ist der Stoff stabil und die Verschmutzung stark, kann man mit ihm einiges bewirken. Ich lege dafür die Kleidungsstücke auf einen glatten Untergrund, halte die Ecken fest und fahre mit dem Stab von oben nach unten über die Stellen. Ist die Fläche zu groß zum Halten und um den Stoff richtig zu spannen, stelle ich etwas Schweres auf die Ecken. Das mache ich zum Beispiel bei meiner Wolldecke, die ich von Zeit zu Zeit entfussele, um die Fellhaare von meiner Hündin Luna zu entfernen.

Zunächst arbeite ich ganz vorsichtig an einer unauffälligen Stelle, um zu schauen, ob das Material auch wirklich keinen Schaden nimmt. Dann mache ich so lange weiter, bis alle Fussel entfernt sind. Ich nutze den Stab zum Beispiel gern für Jeans, stabile Wolldecken oder Sweatshirt-Stoff. Er ist besonders handlich und kommt deshalb auch mit auf Reisen. Er eignet sich nicht nur gut, um Fussel von Kleidung zu entfernen, sondern auch, um Tierhaare von Polstermöbeln zu beseitigen.

ELEKTRISCHER FUSSELRASIERER

Diese kommen bei meiner feinen Wäsche zum Einsatz. Im Lieferumfang des Geräts befinden sich meist mehrere Aufsätze, so kann man sich den perfekten für das Kleidungsstück aussuchen. Das Gerät funktioniert so, dass es eine kleine Schneide gibt, die sich im Kreis dreht und damit alle Fussel sauber abschneidet. Dabei ist es sehr wichtig, dass die Teile gerade liegen und es keine Falten oder andere Unebenheiten gibt. Ansonsten kann es sein, dass man bei besonders kraftvollen Geräten Löcher in den Stoff schneidet. Den elektrischen Fusselrasierer verwende ich oft bei Strickwaren, die schon nach kurzem Tragen an den Armen und Seiten Fusseln bilden. Für Tierhaare eignet er sich nicht wirklich, da ist der Fusselrasierstab von oben effektiver. Elektrische Fusselrasierer werden entweder mit Batterie oder Akku betrieben und haben immer eine kleine Auffangbox, in der die abgetrennten Fussel landen.

KLEIDERBÜRSTEN

Mit festen Kleiderbürsten kann man gut Tierhaare und kleine staubige Verschmutzungen entfernen. Ich benutze sie nass oder trocken und streiche damit so lange über die betroffenen Stellen, bis sie wieder sauber sind.

WIEDERVERWENDBARE FUSSELROLLE

Schluss damit, viel Müll zu produzieren und immer wieder Geld auszugeben, um Fussel und Haare von der Kleidung zu entfernen! Wozu gibt es schließlich wiederverwendbare Fusselrollen? Diese sind zwar aus Plastik, aber keine Einwegprodukte und halten sehr lange. An der Rolle befindet sich eine Art samtige Stelle mit kleinen Bürstenhaaren, mit der man Fussel entfernen kann. Ist die Stelle voll, dreht man sie nach innen, sodass sie von den innen liegenden gröberen Borsten gereinigt werden. Der Schmutz bleibt in der Rolle und kann entleert werden. Statt also immer wieder neue Klebeblätter zu verwenden, dreht man kurz die Bürste nach innen und arbeitet weiter, ohne Plastikmüll zu produzieren. Mit der wiederverwendbaren Fusselrolle spart man nicht nur Zeit und Geld, man kommt auch nie in die Situation, dass keine Klebeblätter mehr an der Fusselrolle sind, dadurch ist sie immer einsatzbereit.

Styling-Hacks

KLEIDUNG ANPASSEN

Kleidungsstücke, die dir nicht mehr so gut gefallen, brauchst du nicht gleich auszusortieren oder vielleicht sogar wegzuwerfen. Nimm stattdessen zum Beispiel das Oberteil lieber noch einmal genauer unter die Lupe und schau, ob es sich nicht mit ein paar Handgriffen in ein Lieblingsteil verwandeln lässt. Eventuell kann man es auch zu etwas ganz anderem upcyceln. Ich mache das sehr gern, da dadurch schöne Unikate entstehen, mit denen ich eine Geschichte verbinde. Die meisten Anregungen und Techniken habe ich im Internet gefunden. Dort entdeckt man die unterschiedlichsten Methoden, manche aufwendig – andere einfacher. Um dir ein paar Inspirationen zu geben, habe ich meine Lieblingshacks zusammengetragen.

Die meisten Varianten lassen sich ohne Nähmaschine herstellen, weil sie aus der Zeit stammen, in der ich noch keine Nähmaschine hatte. Ich habe schon recht früh damit begonnen, meine Kleidungsstücke immer mal wieder zu verändern und anzupassen. Weil ich aber noch keine Nähmaschine hatte, habe ich mir Techniken herausgesucht, die ohne Nähmaschine umgesetzt werden können. Weil mir das Gestalten von Kleidung jedoch so gut gefällt, habe ich mir inzwischen eine gebrauchte Nähmaschine zugelegt. Das kann ich dir auch sehr empfehlen, wenn du planst, mehr Kleidungsstücke zu verändern

oder kleinere Reparaturen selbst durchzuführen, anstatt die Teile gleich wegen jedem Loch oder Fehler in die Änderungsschneiderei zu bringen. Meist dauert es ein paar Tage, bis die Reparatur fertig ist, deshalb ist es einfach schön, kleinere Reparaturen schnell und ohne viel Aufwand selbst durchzuführen. Auf dem Gebrauchtmarkt gibt es eine große Auswahl an verschiedensten Modellen, sodass man sich den Wunsch nach einer eigenen Nähmaschine leicht erfüllen kann, auch ohne tief in den Geldbeutel greifen zu müssen.

JEANS »ZERFETZEN«

Um einer Jeans Löcher im authentischen Used Look hinzuzufügen, benutze ich keine Schere, sondern ein gezacktes Messer. Mit einer Schere erhält man oft nur einen cleanen Schnitt, wenn man jedoch mit einem grob gezackten Messer schneidet, bilden sich weiße Fäden und das Loch franst aus.

SO GEHT'S:

Lege dir einen Pappkarton unter die Stelle, an der das neue Loch entstehen soll. So bleibt die andere Seite der Jeans vor ungewollten Beschädigungen geschützt. Fahre jetzt mit dem Messer immer über die Stelle, an der das Loch entstehen soll. Nach und nach wirst du merken, dass das Material dünner wird und zerfetzte Löcher entstehen. Ich habe herausgefunden, dass sich dafür am besten Messer mit Zacken eignen wie zum Beispiel ein kleines Brotmesser. Möchtest du die Jeans nur ein wenig aufrauen und nicht gleich Löcher hineinschneiden, kannst du es auch mal mit grobem Schleifpapier versuchen. Dadurch riffelt sich die Jeans auf und man kann gezielt kleine Elemente setzen, anstatt gleich ganze Löcher in die Jeans zu schneiden. Bevor ich übrigens die Löcher mit dem Messer setze, ziehe ich die Hose an und markiere mir die Stelle mit einem Stift, damit das Loch auch wirklich am gewünschten Platz gesetzt wird und nicht zu weit oben oder unten. Ich habe auch immer im Kopf, dass die Löcher während des Tragens von allein immer größer werden, deswegen mache ich sie lieber ein bisschen kleiner.

UMNÄHEN (AUCH BEI DER SCHNEIDER*IN)

Wenn Kleidungsstücke nur an einer Stelle nicht genau passen und sie deswegen zu Schrankleichen mutiert sind, ist es auch immer eine Option, sie in eine Änderungsschneiderei zu
bringen. Die Änderungen kosten nicht viel, gehen schnell und die Kleidungsstücke sind
dann perfekt auf dich angepasst. Vieles ist dabei möglich wie zum Beispiel Ärmel kürzen,
Taille schmäler nähen oder auch Stoff an zu engen Stellen rauslassen. Das ist natürlich nur
bis zu einem gewissen Grad möglich, aber 1–2 cm kann man an vielen Stellen gewinnen
und schon passt das Stück wie angegossen.

OBERTEILE CROPPEN

Zu High Waist Jeans schauen gecroppte Oberteile oft besser aus, weil sie die Taille schön
betonen. Anstatt sich für diesen Look gleich neue Oberteile zu kaufen, lohnt es sich, erst
einmal einen Blick in den Kleiderschrank zu werfen. Vielleicht hast du Teile, die sich gut zu
einem Cropped-Oberteil umändern lassen. Ist eins gefunden, brauchst du nur noch eine
scharfe Schere und das Oberteil kann gecroppt werden. Dabei empfehle ich dir, dich nach
und nach ranzutasten, das heißt, erst nur wenig abzuschneiden, um dich so der perfekten
Länge anzunähern. Manche Stoffe rollen sich nämlich ein, wenn sie abgeschnitten sind,
sodass ein paar Zentimeter an Länge verloren gehen.

Tipp

Wirf den übrig gebliebenen Stoff nicht weg, sondern heb die Reste auf. Damit kann man oft noch das ein oder andere schöne Teil gestalten. Inspiration
dazu findest du ab Seite 120.

Kintsugi 金継ぎ

Kintsugi kommt aus der japanischen Kultur und beschreibt den Prozess, zerbrochenes Geschirr mit Gold- oder Silberlack wieder zusammenzukleben. So werden die Makel nicht nur repariert, sondern auch noch besonders hervorgehoben und entwickeln eine eigene Schönheit. Mir gefällt diese Methode besonders gut, da sie zeigt, dass Dinge nicht gleich weggeworfen werden müssen, nur weil sie Fehler haben. Ganz im Gegenteil, man kann etwas noch Schöneres daraus machen.

Flecken und Löcher übersticken

Inspiriert durch die Kintsugi-Methode kann man auch bei Kleidungsstücken Fehler und Makel hervorheben, anstatt sie so unauffällig wie möglich zu verstecken und auszubessern. Auf diese Weise kann man aus einem vermeintlichen Fehler ein Unikat machen. Für süße Stickereien braucht man eigentlich nicht viel Übung, sondern nur die richtige Anleitung. Damit du gleich anfangen kannst, Makel in Kunstwerke an deiner Kleidung zu verwandeln, habe ich dir ein paar gängige Sticktechniken und Motive als Inspiration zusammengesucht. Zum Sticken brauchst du auch gar nicht viel, das Wichtigste sind eine spitze Nadel, mit der du gut durch den Stoff kommst, Fäden, die farblich zum gewünschten Motiv passen, und eine Schere. Wenn du dann Gefallen am Sticken gefunden hast, lohnt sich es, in einen Strickrahmen zu investieren. Mit einem Stickrahmen kann man den Stoff noch besser spannen und das Sticken geht viel leichter von der Hand. Für die Anfänge kann man es aber auch ohne Stickrahmen probieren.

KLEIDUNG STYLEN

Nicht immer braucht man neue Kleidung, um den Look bzw. ein Outfit aufzuwerten oder besonders zu gestalten. Manchmal reichen dafür ganz einfache Tricks, und dein Outfit hat das gewisse Extra. Das erreichst du, indem du Details hinzufügst, die sich von einem Basic-Look abheben. Hier kommen ein paar Beispiele und Ideen, wie du das mit einfachen Schritten erreichen kannst. Ich wünsche dir ganz viel Spaß beim Ausprobieren!

HOSE ENGER KREMPELN

Damit deine Hose beim Einkrempeln nicht so weit vom Bein absteht und sie schöner fällt, kannst du eine Falte einkrempeln. Damit wird der Bund schmaler und schmeichelt der Beinform.

T-SHIRT EINSTECKEN

Eingesteckte T-Shirts können manchmal unschöne Falten werfen. Wenn du jedoch die vordere Mitte einmal nimmst, eindrehst und dann in die Hose steckst, bekommst du einen schönen figurschmeichelnden und kontrollierten Faltenwurf.

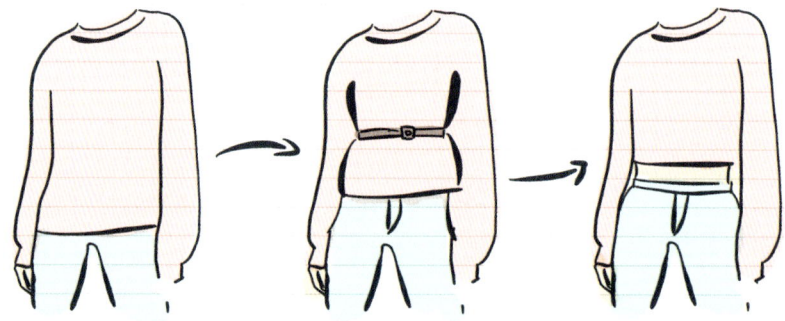

OBERTEILE MIT HAARGUMMI ODER GÜRTEL CROPPEN

Passt zu deinem Outfit eher ein gecropptes Oberteil, du hast aber nur ein längeres, dann kannst du das Oberteil mit kleinen Hilfsmitteln wie einem Haargummi oder einem Gürtel provisorisch croppen, ohne es gleich abzuschneiden.

Für die Variante mit Haargummi bindest du links und rechts jeweils den überschüssigen Stoff ab und drehst die entstanden Bollen nach innen – schon ist dein Oberteil gecroppt.

Für die Variante mit Gürtel legst du den Gürtel an der Taille über dem Oberteil an. Danach drapierst du den Stoff so über den Gürtel, dass du den gecroppten Look erhältst.

LAYERING

Mit einem einfachen Layering machst du dein Outfit interessanter. Dafür ziehst du einzelne Schichten so übereinander, dass man die unteren Schichten hervorblitzen sieht.

ACCESSOIRES

Mit Bedacht gesetzte Accessoires können einem Basic-Look einen ganz besonderen Touch geben.

#Layering

Mit Layering kannst du viele verschiedene und vor allem abwechslungsreiche Outfits zusammenstellen.

#Upgraden

Basics lassen sich super schnell mit auffälligem Schmuck, Gürteln oder Taschen upgraden. Das ist zum Beispiel für den Urlaub praktisch, wenn du nicht so viel einpacken möchtest. So lassen sich deine Kleidungsstücke für jedes Event passend abwandeln.

#Downgraden

Um auch mal im Alltag Kleidungsstücke zu tragen, die eher in eine Abendgarderobe passen würden, können Outfits mit einfacheren Elementen downgegraded werden.

zum Beispiel: Abendrock mit Oversize Pulli und Sneakern kombinieren

KLEIDUNG UPCYCELN

ABSCHMINKPADS

Übrig gebliebener Stoff lässt sich super für selbst gemachte, wiederverwendbare Abschminkpads nutzen. Dafür einfach den Stoff in kleine Quadrate oder Kreise schneiden, sodass sie die gewünschte Größe erhalten. Um zu verhindern, dass die Ränder mit der Zeit ausfransen, kann man die Abschminkpads einfach mit einer Zick-Zack-Schere ausschneiden. Dadurch schenkst du dem Stoff ein zweites Leben und sparst in Zukunft Einwegwattepads.

SOCKEN UPCYCLING

Aus kaputten oder einzelnen Socken, die keinen Partner mehr haben, kann man richtig viel machen wie zum Beispiel Scrunchies, Haargummis oder Haushaltsgummis, Hitzeschutz für To-go-Becher und auch Abschminkpads. In der Grafik siehst du, welche Teile der Socke ich wofür nutze.

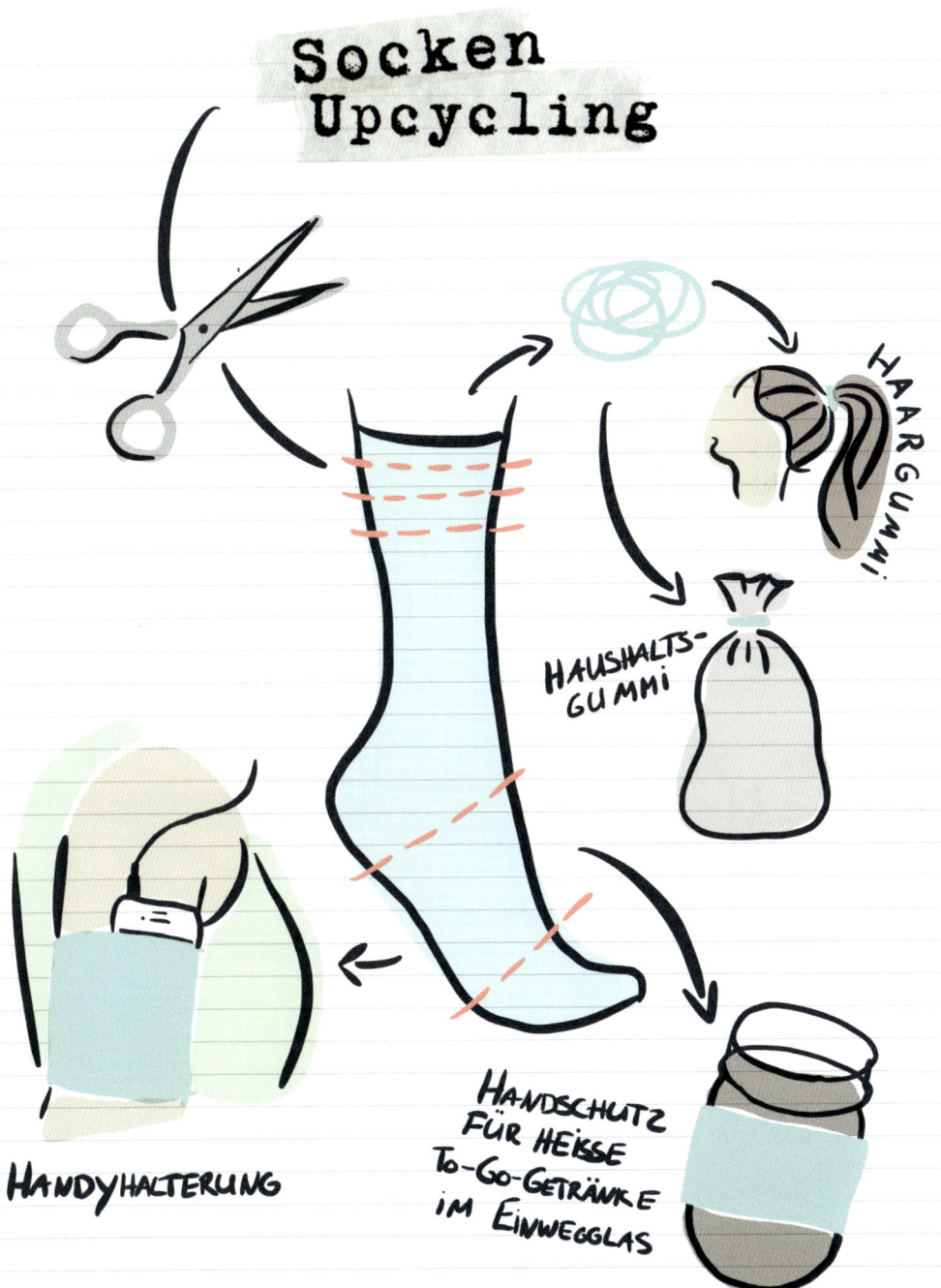

Socken Upcycling

HAARGUMMI

HAUSHALTS-GUMMI

HANDSCHUTZ FÜR HEISSE TO-GO-GETRÄNKE IM EINWEGGLAS

HANDYHALTERUNG

T-SHIRT-TASCHE

Aus einem T-Shirt kann ohne viel Aufwand und Nähmaschine eine T-Shirt-Tasche gemacht werden. Super praktisch als Einkaufsbeutel oder Obst und Gemüsebeutel.

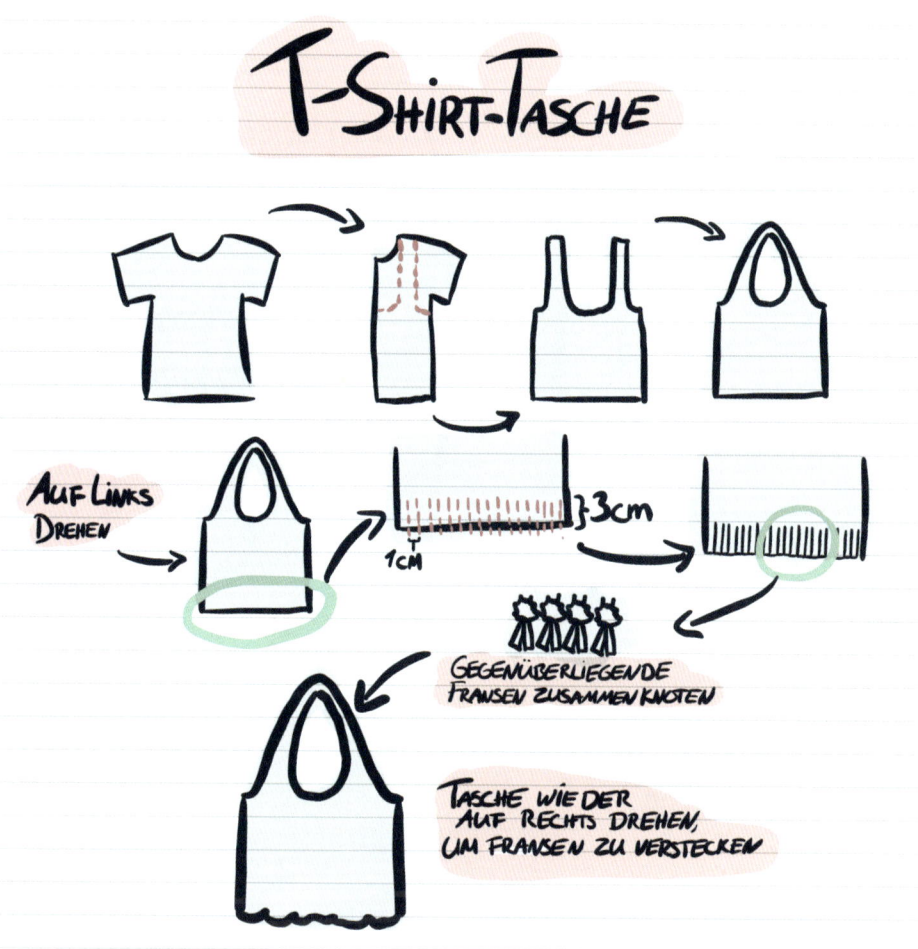

KLEIDUNG REPARIEREN

Kaputte Kleidung zu reparieren und kleine Fehler auszubessern, anstatt sie direkt wegzuwerfen und neue Teile zu kaufen, ist ein wichtiger Eckpfeiler eines nachhaltigen Kleiderschranks. So schenkt man den Kleidungsstücken eine längere Lebenszeit und spart Ressourcen. Manche Reparaturen sind einfach selbst zu erledigen und manche gibt man lieber
in die professionellen Hände einer Änderungsschneiderei. Sie reparieren dir deine Kleidungsstücke meist in wenigen Tagen und zu einem fairen Preis.

Viele kleinere Reparaturen mache ich selbst wie zum Beispiel lose Knöpfe wieder annähen
oder kleine Löcher stopfen. Wenn es etwas komplizierter wird, gebe ich die Teile jedoch lieber zu meiner Schneiderin. Was man bereits beim Kauf von Kleidung im Kopf haben sollte:
Um Kleidungsstücke immer wieder reparieren zu können, ist eine gewisse Materialquali-
tät von Vorteil. Manche Fast-Fashion-Teile haben so eine schlechte Qualität, egal ob es den
Stoff betrifft oder die Verarbeitung, dass eine Reparatur sich nicht unbedingt durchführen
lässt. Man kann die Teile dann vielleicht noch für ein Upcycling weiterverwenden, doch auf
lange Sicht zahlt es sich in jedem Fall aus, in qualitativ hochwertige Textilien zu investieren,
denn sie halten länger und lassen sich auch immer wieder reparieren. So entsteht ein lang-
anhaltender Kreislauf mit der Kleidung.

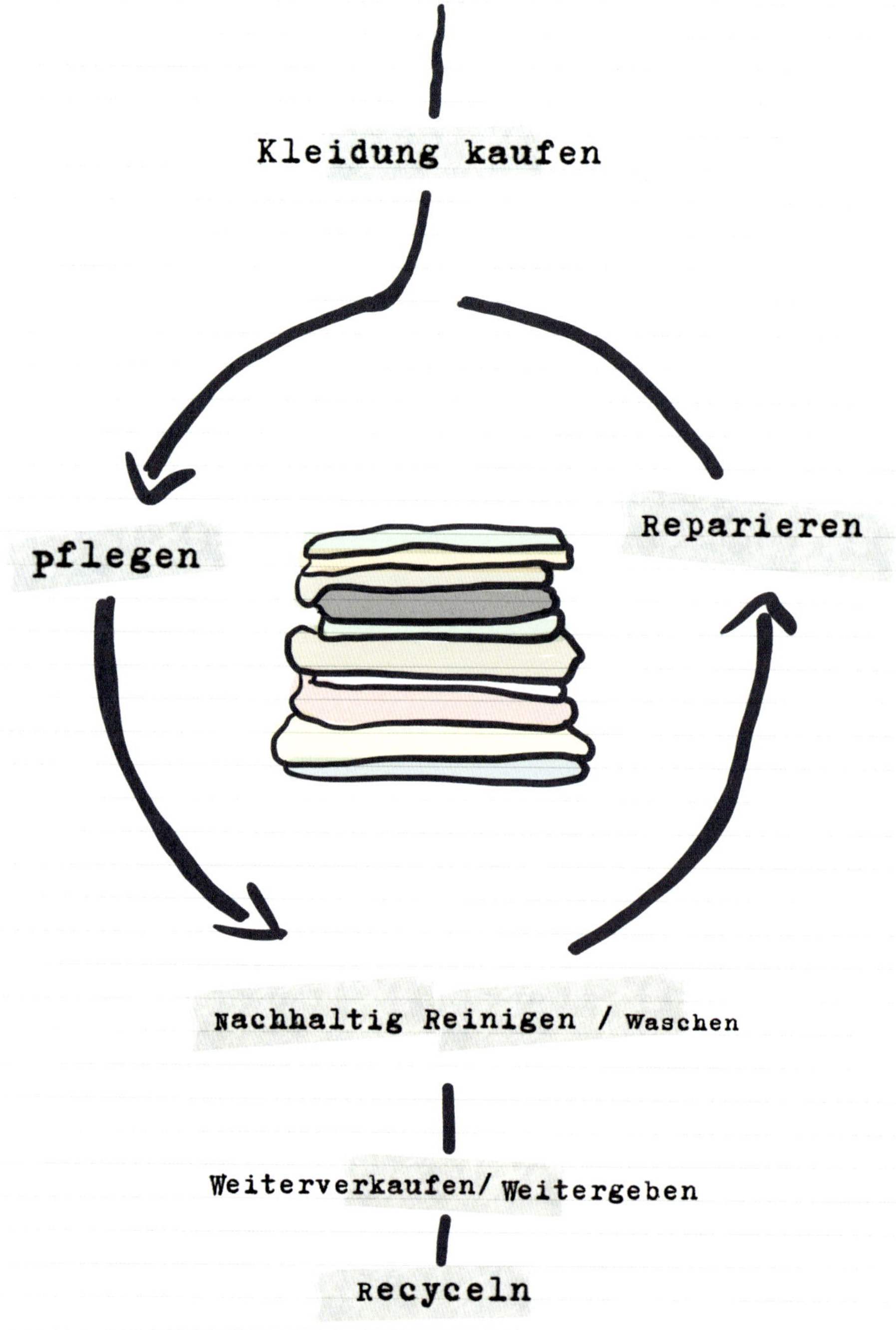

Kleidung kaufen

pflegen

Reparieren

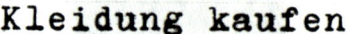

Nachhaltig Reinigen / Waschen

Weiterverkaufen/ Weitergeben

Recyceln

LÖCHER STOPFEN

☞ Du brauchst: ☜

Nadel • Garn • ggf. Stopfei

SO GEHT'S:

Binde einen Knoten in ein Fadenende. Schneide am ausgefransten Loch die überschüssigen Fäden ab, sodass es klare Kanten bekommt. Stopfe das Loch nun mit den geeigneten Stichen und verschließe es zum Abschluss.

Die oben beschriebene Variante eignet sich super für kleinere Löcher, fehlt jedoch im Loch oder Riss zu viel Material, dass man es auf diese Weise flicken könnte, kann man neuen Stoff oder Patches als Hilfsmittel verwenden. Ich mag Patches total gern, denn sie verleihen den Kleidungsstücken einen coolen, einzigartigen Look.

JEANS FLICKEN

Bei Jeans geschieht es häufig, dass sich die Innenseiten der Oberschenkel mit der Zeit aufreiben, sodass der Stoff immer dünner wird und letztendlich Löcher entstehen. Diese Löcher kann man wieder reparieren, indem man neuen Jeansstoff daruntersetzt. Dafür gibt es spezielle Jeansflicken, du kannst aber auch eine alte, kaputte Jeans zerschneiden, die du nicht mehr trägst. Das Wichtigste ist, dass der neue Jeansstoff, den du als Flicken verwendest, ungefähr die gleiche Farbe hat.

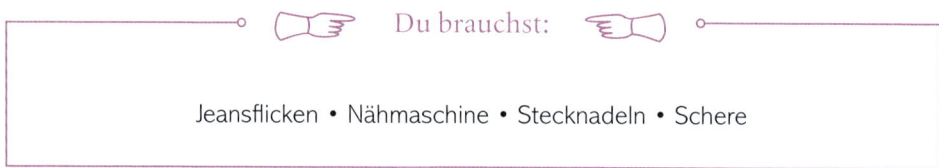

Jeansflicken • Nähmaschine • Stecknadeln • Schere

SO GEHT'S:

Nimm einen Jeansflicken, der etwa 2 cm größer ist als die zu flickende Stelle. Wende die Jeans auf links und lege den Flicken über die Stelle, die ausgebessert werden soll. Stecke den Flicken mit Stecknadeln fest. Näh mit der Nähmaschine im Zick-Zack-Stich das Loch mit dem Flicken zu. Schneide den überschüssigen Rand des Jeansflickens innen weg.

KNÖPFE ANNÄHEN

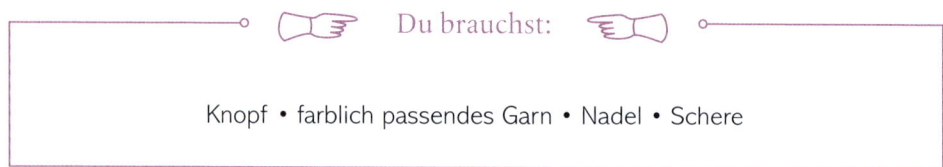

Knopf • farblich passendes Garn • Nadel • Schere

SO GEHT'S:

Entferne die Garnreste vom alten Knopf. Fädle das neue Garn in die Nadel ein und knüpfe in ein Ende einen Knoten, der groß genug ist, um nicht durch das Nähloch im Knopf zu rutschen. Leg den Knopf an die richtige Stelle und stich von unten durch ein Nähloch. Zieh den Faden so lange durch, bis er beim Knoten anschlägt. Jetzt zieh den Faden durch das gegenüberliegende Loch und positioniere den Knopf gegebenenfalls noch einmal richtig. Zieh den Faden mehrmals durch alle Löcher, bis der Knopf fest fixiert ist. Vernäh nun den Faden auf der Unterseite und schneide den überschüssigen Faden ab.

Tipp

Wenn du von einem Kleidungsstück einen Knopf verloren hast, schau im Etikett nach, ob dort ein Ersatzknopf eingenäht ist. Manchmal hängt auch beim Verkauf ein Ersatzknopf am Papieretikett. Ist das der Fall, legst du dir am besten eine Ersatzknopfbox an, sodass du die mitgelieferten Knöpfe immer griffbereit hast, falls du sie brauchst. Wenn du keinen Ersatzknopf mehr hast, kannst du auch schauen, ob du eventuell einen anderen Knopf des Kleidungsstückes nicht brauchst. Zum Beispiel der letzte Knopf von einem Hemd, das sowieso immer in die Hose gesteckt wird. Findest du so einen Knopf, kannst du ihn einfach an der Stelle abnehmen, an der du ihn nicht brauchst, und an der benötigten, sichtbaren Stelle wieder annähen. Falls alle Stricke reißen und keine der obigen Optionen möglich ist, kannst du bei einem Handarbeitsgeschäft in deiner Nähe nach einem Knopf suchen, der optisch den anderen gleichkommt. Findest du einfach keinen passenden Knopf, gibt es noch die Möglichkeit, alle auszutauschen.

5.

Kleidung weitergeben

KLEIDUNG AUSSORTIEREN

Wenn du dich von einem Kleidungsstück trennen möchtest, kommt der Moment, in dem du dich fragst: Was mache ich denn jetzt damit? Je nach Zustand gibt es verschiedene Möglichkeiten. Ich unterteile meine aussortierte Kleidung immer in vier Stapel. Auf den ersten kommt alles, was ich spenden möchte, auf den nächsten Stapel kommt, was ich verkaufen möchte. Der dritte Stapel bildet Kleidung, die ich upcyceln möchte, und der letzte Stapel ist für Kleidung, die in keinem guten Zustand mehr ist und nur noch entsorgt werden kann. Diesen letzten Stapel halte ich jedoch so klein wie möglich, da es nur sehr selten passiert, dass man wirklich nichts mehr mit Kleidungsstücken anfangen kann. Es kommt wahrscheinlich auch immer ein bisschen auf den eigenen Typ an. Ich mag schon immer einen gewissen Wechsel in meiner Garderobe und tausche deswegen gern aus. Wenn man aber über einen langen Zeitraum hinweg Kleidung trägt und sie immer wieder repariert, ist sie irgendwann wirklich nicht mehr zu tragen. Dann kann der Stapel zum Upcyceln oder Entsorgen auch schon mal größer sein. Aber lass dich bitte nicht verunsichern, wenn du gefühlt eine andere Stapelverteilung als ich hast. Wichtig ist, dass wir uns damit auseinandersetzen, was mit der Kleidung passiert, nachdem wir sie aussortiert haben.

Kategorisiere deine aussortierten Kleidungsstücke folgendermaßen:

- Ist in einem guten Zustand, möchte ich spenden.
- Ist in einem guten Zustand, möchte ich verkaufen.
- Es gibt kleine beschädigte Stellen, aber der Großteil ist noch in Ordnung, sodass ich den Stoff zum Upcyceln nutzen kann.
- Das Kleidungsstücks ist überwiegend beschädigt und kann nicht mehr verwendet werden.

Im Folgenden erkläre ich dir, wie du mit deinen Kleiderstapeln jetzt am besten vorgehst. Ich wünsche dir viel Spaß und Erfolg beim Platzschaffen!

ALTKLEIDER FAKTEN

Pro Jahr kommen in Deutschland
ca. 1,1 Millionen Tonnen Textilien in die
Strassensammlung oder in den Altkleidercontainer

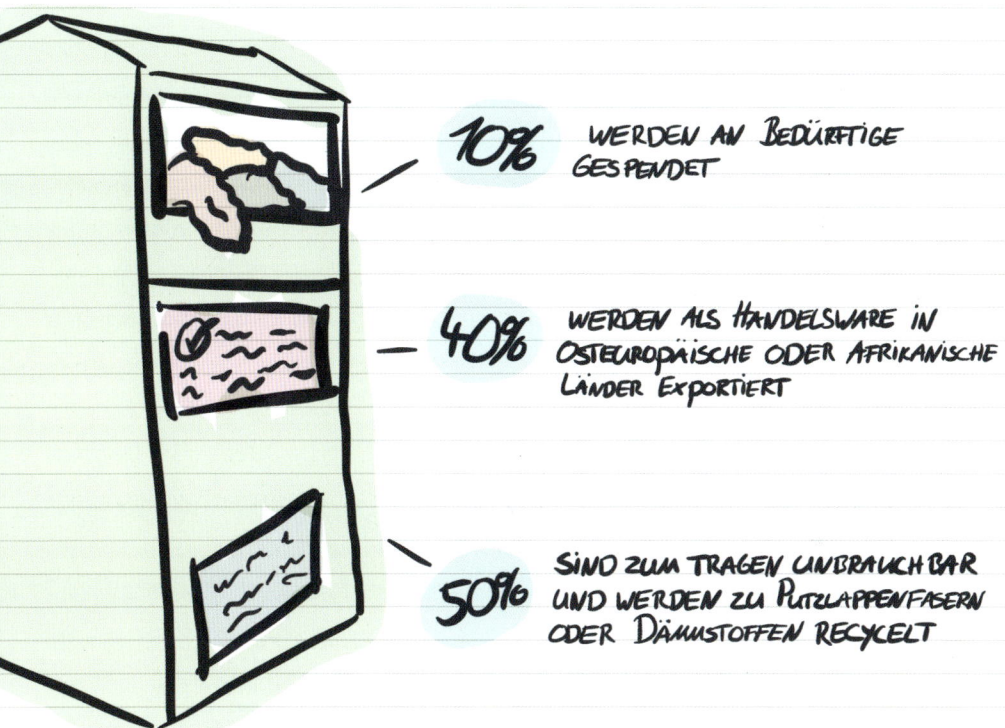

10% werden an Bedürftige gespendet

40% werden als Handelsware in osteuropäische oder afrikanische Länder exportiert

50% sind zum Tragen unbrauchbar und werden zu Putzlappenfasern oder Dämstoffen recycelt

5 - 10% davon sind selbst dazu nicht mehr brauchbar und werden als Ersatzbrennstoff für Kohle verwendet oder gehen in die Müllverbrennung

KLEIDUNG SPENDEN

Kleidung zu spenden, ist immer eine gute Wahl, weil du damit anderen Menschen helfen kannst. Für die Spenden gibt es verschiedene Anlaufstellen und Optionen und du kannst dir aussuchen, was dir am besten gefällt.

Kleider kannst du zum Beispiel an Kleiderkammern, soziale Einrichtungen oder Altkleidercontainer weitergeben. Bei Kleiderkammern und sozialen Einrichtungen kommt deine Kleidung direkt dort an, wo sie gebraucht wird. Entgegen der allgemeinen Meinung, dass die in Altkleidercontainern gespendete Kleidung direkt an Bedürftige weitergegeben wird, geschieht mit der Kleidung in einigen Fällen etwas anderes. Weil das jedoch ein längeres Thema ist und etwas mehr Aufmerksamkeit benötigt, erkläre ich das später ausführlich, damit du eine gute Übersicht hast, was mit der Kleidung in den unterschiedlichen Kleidercontainern passiert.

KLEIDERSPENDEN AN KLEIDERKAMMERN UND SOZIALE EINRICHTUNGEN

Kleiderkammern gibt es in jeder Stadt von verschiedenen Wohltätigkeitsverbänden. Darunter zum Beispiel das DRK oder die Caritas. Auf deren Websites kannst du nachsehen, wo bei dir die nächste Kleiderkammer ist. Du findest auf der Website auch Hinweise darüber, was zurzeit besonders benötigt wird und Freude macht. Die Kleidung bzw. alles, was gespendet wird, sollte in einem guten Zustand sein, damit sie auch wirklich von Bedürftigen weiterverwendet werden kann.

KLEIDERSPENDEN IN ALTKLEIDERCONTAINERN

Gibt man Kleidung in den Altkleidercontainer, wird ein kleiner Teil an Bedürftige weitergegeben. Ein großer Teil davon wird jedoch an spezialisierte Verwerter verteilt, die aus alten Kleidungsstücken beispielsweise Dämmmaterial oder Füllstoffe machen. Wem der Profit der Kleidung zugutekommt, hängt davon ab, wem der Kleidercontainer gehört. Diese Information findest du am jeweiligen Container. Meistens gehören die Container Wohltätigkeitsorganisationen, der lokalen Abfallgesellschaft oder kommerziellen Aufstellern. Bist du nicht ganz sicher, was mit der Kleidung geschieht, google die Organisation und suche auf der Website nach Informationen. Nur so kannst du dir sicher sein, dass mit deiner weggegebenen Kleidung auch das geschieht, was du möchtest. Leider gibt es auch immer wieder schwarze Schafe darunter. Um sicherzugehen, dass deine Kleiderspende gut ankommt, kannst du dich an bestimmten Siegeln orientieren.

Die Siegel auf Seite 134 zeichnen Container von Hilfsorganisationen aus, die den Gewinn aus den Kleiderspenden für soziale Projekte einsetzen.

Außerdem kannst du die Kleidung auch in die Altkleidercontainer deiner lokalen Abfallgesellschaft spenden, sie finanzieren damit die Verwertung des anfallenden Abfalls.

ALTKLEIDERCONTAINER DOS

- gut erhaltene Kleidung
- Haushaltstextilien: Gardinen, Vorhänge, Bett- und Tischwäsche
- Accessoires: Gürtel, Taschen, Hüte, Handschuhe
- gut erhaltene Schuhe (zusammengebunden oder in einer Tüte)
- Stofftiere

ALTKLEIDERCONTAINER DON'TS

- nasse Kleidung
- abgetragene, kaputte Schuhe
- schmutzige Kleidung oder andere verunreinigte Textilien (bitte immer gewaschen spenden)
- Stoff und Wollreste

Container Siegel

Zusammenschluss von gemeinnützigen Organisationen, die sich verpflichten, bei Sammlung und Vermarktung sozial- und umweltverträgliche Standards einzuhalten. Das heißt zum Beispiel, dass wahrheitsgemäße Angaben über Zweck und Verwendung der Kleidersammlung gemacht werden.

Das Deutsche Zentralinstitut für soziale Fragen verleiht ihr Siegel an Organisationen, die sparsam und satzungsgemäß mit ihren Sachspenden umgehen.

MUSTERMANN GMBH

Telefon (0000) oo oo oo
info@mustermann.de
www.mustermann.de

Das bvse-Qualitätssiegel zeichnet Unternehmen aus, die für Transparenz bei der Sammlung, nachvollziehbare Verwertungswege und den Schutz der Umwelt sorgen. Die Kontaktdaten der Sammler kann man auf der Siegel-Website nachlesen.

Tipp

Da Altkleidercontainer nicht täglich geleert werden und die Sachen noch einen längeren Weg vor sich haben, ist es wichtig, den gespendeten Textilien einen guten Schutz zu geben. Dafür lassen sich super alte Plastiktüten verwenden. Wird die Kleidung einfach lose eingeworfen, kann es sein, dass sie durch die äußeren Witterungsbedingungen anfängt zu schimmeln. Verschimmelte Kleidung kann nicht mehr gebraucht werden, deswegen ist es wichtig, sie gut zu schützen.

Wenn du Kleidung hast, die gar nicht mehr verwendbar ist und auch nicht repariert werden kann, dann bring sie zu deinem örtlichen Wertstoffhof. In den Restmüll soll Kleidung nur, wenn der Stoff als Rohstoff gar nicht mehr zu verwenden ist. Das sollte aber nur bei erheblichen Verschmutzungen passieren. Denn anders als beim Wertstoffhof, werden die Textilressourcen im Restmüll nicht mehr weitergenutzt.

KLEIDUNG SECONDHAND VERKAUFEN

Egal ob der Kleiderschrank überquillt oder einfach neuer Wind in die Garderobe kommen soll, manchmal wollen auch gut erhaltene Kleidungsstücke aussortiert werden. Dann kannst du dir damit leicht ein paar Euro dazuverdienen, neue Besitzer glücklich machen und zum nachhaltigen Kleiderkreislauf beitragen. Hier kommen ein paar Vorschläge für dich, Kleidung Secondhand zu verkaufen. Für die jeweiligen Varianten habe ich dir noch ein paar Dos und Don'ts zusammengefasst, die dir dabei helfen, deine Kleidung mit Erfolg weiterzugeben.

ONLINE-VERKAUF ÜBER APPS

- Momox
- Vinted
- Zalando
- Ebay

Fotos: Online weckt man am besten das Interesse an Kleidungsstücken, wenn man sie in einem schönen Setting darstellt und ausführlich beschreibt. Am besten ist es (sofern sie passen) die Kleidungsstücke angezogen zu fotografieren, so können sich die potenziellen Käufer*innen ein besseres Bild über die Passform und den Schnitt machen.

Bei Accessoires, wie zum Beispiel Taschen oder Rucksäcken, stelle ich das Produkt auf dem Foto frei, sodass ein cleaner weißer Hintergrund entsteht. Dadurch lenkt man den Fokus auf das Produkt und nicht auf einen Hintergrund usw.

DOS

- Bilder mit getragener Kleidung
- cleaner Hintergrund
- gegebenenfalls freistellen
- helles Setting, damit die Farben gut erkennbar sind
- gebügelt

DON'TS

- Filter verwenden, sie verändern die Farbe
- unscharfe Bilder
- Kombinationen, die ablenken: Achte darauf, dass das Kleidungsstück, das du verkaufen möchtest, im Vordergrund steht und alles andere eher neutral gehalten ist. Also keine wilden Muster, Farben usw.

Beschreibung: In den Beschreibungen helfen Fakten wie Material, Zustand und Angaben zur Größe (zum Beispiel stimmt die Größe vom Etikett mit der tatsächlichen Passform überein?) den Käufer*innen, einen besseren Überblick über das zum Verkauf stehende Teil zu bekommen. Wichtig ist, dass du einen vertrauenswürdigen, ordentlichen Eindruck bei der Darstellung deiner Ware machst. Dadurch, dass sich die potenziellen Käufer*innen nicht auf eine Garantie verlassen und ein Rückgaberecht in Anspruch nehmen können, ist es superwichtig, dass man beim Verkauf der Ware auf das äußere Erscheinungsbild achtet. Da hilft es auch nichts, wenn man eigentlich die coolsten Teile anbietet, aber der Auftritt nicht passt. Ist der Grundauftritt nicht stimmig, entscheiden sich die potenziellen Käufer*innen vielleicht für etwas anderes.

DOS

- Farbe: Am besten gibst du die Farbe so genau wie möglich an. Dabei können zum Beispiel allgemeine Vergleiche mit Früchten usw. helfen. Oder du schaust in anderen Online-Shops nach, wie dort die Farbe beschrieben wird, das erleichtert manchmal das Finden einer passenden Beschreibung.

- Material: Woraus besteht das Kleidungsstück? Ist es ein Mischgewebe oder besteht es nur aus einer bestimmten Faser? Am besten gibst du die genauen Informationen vom Etikett an.

- Pflege: Kann man das Kleidungsstück zum Beispiel in der Maschine waschen und anschließend bügeln oder muss es laut Etikett besonders gepflegt werden?

- Größe: Welche Größe ist angeben? Entspricht die angegebene Größe der tatsächlichen Passform oder fällt sie anders aus? Manchmal ist es auch gut, die genauen Maße anzugeben.

- Grund des Verkaufes angeben. So wissen die Käufer*innen, was und ob dich etwas an dem Teil gestört hat oder ob es dir einfach nicht mehr gefällt. So können sie sich ein besseres Bild von der Ware machen.

DON'TS

- Falsche Angaben: Fehlerhafte Angaben führen dazu, dass der Käufer mit der Ware nicht zufrieden ist und dir gegebenenfalls eine schlechte Bewertung schreibt.
- Rechtschreibfehler: Achte darauf, dass dein Text keine Fehler enthält. So zeigst du, dass du dir Mühe gibst, den Online-Verkauf ernst nimmst und auf eine gewisse Qualität achtest.
- Zu wenig Info über die Ware. Wird zu wenig über die Ware geschrieben, kann es sein, dass die potenziellen Käufer*innen das Interesse verlieren und sich woanders umschauen oder dir ganz viele Fragen zu dem Kleidungsstück schreiben. Es kostet dich im Enddefekt mehr Zeit, diese zu beantworten, als einmal am Anfang die wichtigsten Informationen übersichtlich in die Beschreibung zu setzen.

Tipp

Achte auf einen freundlichen und offenen Ton mit deinen potenziellen Online-Kund*innen. Bei einem Online-Privatkauf gibt es keine Rückgabemöglichkeit, weshalb es für die Käufer*innen extrem wichtig ist, dass das zu verkaufende Teil detailliert und wahrheitsgemäß beschrieben ist. Ist ein Kunde mal nicht happy und ihr findet gemeinsam keine Lösung, kann es sein, dass du eine schlechte Bewertung bekommst. Ist das der Fall, wird es sich auf deine zukünftigen Verkäufe negativ auswirken. Am besten befolgt man einfach die goldene Regel, dass man sich im Online-Verkauf so gibt, wie man es sich selbst als Käufer*in wünscht. Würdest du bei dir selbst gerne Sachen kaufen, hast du, denke ich, alles richtig gemacht.

Gebraucht verkaufen

charlotteschueler
☆☆☆☆☆ Bewertungen

Sonnenbrille   **8 Euro**
Gebraucht, Guter Zustand

Anfragen

Kaufen

Käuferschutz

Details:

BESCHREIBE DEIN PRODUKT MIT DETAILS UND BILDERN SO GENAU WIE MÖGLICH

LOKAL

- **Secondhand-Laden:** Wenn du dir in der Nähe einen Secondhand-Laden für deine Verkäufe ausgesucht hast, dann schau am besten auf der Laden-Website nach, wie die Annahmebedingungen sind. Oft findet man schon auf der Website Informationen darüber, welche Ware gerade gesucht wird. Das könnte zum Beispiel bestimmte Saison-Ware sein. Bist du dir nicht ganz sicher, hilft ein kurzer Anruf, um nachzufragen, ob die Ware, die du verkaufen möchtest, generell momentan gefragt ist. Alternativ kannst du direkt in den Laden gehen und dich vor Ort erkundigen. Dort kannst du auch gleich erfahren, wann die besten Annahmezeiten sind. Viele Secondhand-Ladenbesitzer*innen ziehen es vor, mit den Verkäufer*innen einen Termin auszumachen, damit sie sich die Ware in Ruhe ansehen können.
- **Flohmarkt:** Flohmärkte sind genau das Richtige für dich, wenn du gern mit Menschen in Kontakt trittst, selbst verkaufst und verhandelst. Sie sind auch ein guter Ort, um Kleidungsstücke zu verkaufen, die im Secondhand-Laden eventuell nicht angenommen werden, aber für echte Schnäppchenjäger ein toller Fang sind.

Tauschparty

Es macht auch riesigen Spaß, mit Freund*innen eine Kleidertausch-Party zu veranstalten. Jede*r bringt zur Party eine vereinbarte Anzahl von Kleidungsstücken mit, die alle zu Beginn der Party auf eine Kleiderstange gehängt werden. Im Lauf des Abends können sich alle Gäste bei leckeren Snacks und Getränken durch die Teile probieren und sich das mitnehmen, was ihnen gefällt. So gibt man die ungetragenen Kleider weiter und hat einen lustigen Abend mit Modenshow und bester Freund*innen-Beratung inklusive.

#Sustainable
Fashion
Challenge

Hier kannst du auf dem Weg zu einem nachhaltigen Kleiderschrank alle Meilensteine markieren, die du schon erreicht hast und gleichzeitig bekommst du einen Überblick, was du als Nächstes ausprobieren kannst.

Ordnung
→ KLEIDERSCHRANK SORTIERT ○
→ KLEIDUNG AUSSORTIERT ○

Style
→ CAPSULE WARDROBE AUSPROBIERT ○
→ STYLE MOODBOARD ERSTELLT ○

Repair
→ KAPUTTE KLEIDUNG REPARIERT ○
→ ÄNDERUNGSSCHNEIDEREI BESUCHT ○

Wäschehacks

HAST DU DIE WÄSCHEHACKS FÜR EINE NACHHALTIGE KLEIDERPFLEGE AUSPROBIERT? ○

Secondhand

HAST DU DIR STATT NEUER KLEIDUNG SECONDHAND-KLEIDUNG GEKAUFT?

Fair Fashion

HAST DU DICH ÜBER FAIR-FASHION-LABELS INFORMIERT?

Upcycling

HAST DU UNGENUTZTE KLEIDUNG UPGECYCELT?

Kleidung Weitergeben

KLEIDUNG GESPENDET

KLEIDUNG SECONDHAND VERKAUFT

Anhang

INFORMATIONEN ZU VERSCHIEDENEN SIEGELN

- verbraucherzentrale.de/wissen/umwelt-haushalt/nachhaltigkeit/faire-kleidung-das-bedeuten-die-siegel-7072
- glamour.de/mode/artikel/oeko-siegel-mode
- siegelklarheit.de/produktgruppen/textilien/

FAIR-FASHION-LABELS

Auf den folgenden Seiten findest du eine Übersicht von aktuellen Fair-Fashion-Labels. Es lohnt sich, dass du dir die einzelnen Hersteller zum Beispiel auf Instagram oder auf der Website anschaust, um dir einen Überblick über die Stilrichtungen zu verschaffen. Ich wünsche dir viel Spaß beim Stöbern und hoffe, dass du das ein oder andere Label findest, das dir Lust auf einen nachhaltigen und fairen Kleiderschrank macht.

ARMEDANGELS
 @armedangels

Hier findest du viele Basics, aber auch einige ausgefallenere Pieces. Die Auswahl ist sehr vielfältig und vor allem bei Jeans findet man viele verschiedene Styles. Bei den Stoffen fokussiert sich Armedangels auf Bio-Qualität.

Mode für: Damen, Herren
Herstellungsländer: China, Türkei, Portugal
Materialien: Baumwolle, Leinen, Wolle, Polyester
Preis: T-Shirt ab 29,90 €

BLEED
 @bleedclothing

Bei Bleed gibt es sportliche vegane und fair produzierte Mode. Hier findest du Jeans, T-Shirts und Hemden.

Mode für: Damen, Herren
Herstellungsländer: Portugal, Deutschland, Kroatien
Materialien: Kork, Bio-Baumwolle, Lyocell, Leinen, Modal
Preis: T-Shirt ab 34,90 €

DEDICATED
 @dedicatedbrand

Hier findest du nachhaltige Streetwear. Das Label aus Schweden bietet vor allem schlichte Basics, T-Shirts, aber auch Strickwaren an.

Mode für: Damen, Herren, Kinder
Herstellungsland: Indien
Material: Bio-Baumwolle, Polyester (recycelt)
Preis: T-Shirt ab 39,95 €

DEGREE CLOTHING
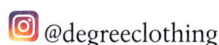 @degreeclothing

Bei Degree Clothing findest du die verschiedensten Streetstyles, die fair und ökologisch produziert werden.

Mode für: Damen, Herren
Herstellungsländer: Portugal, Deutschland
Material: Bio-Baumwolle
Preis: T-Shirt ab 19,90 €

ECOALF

 @ecoalf

Ecoalf hat sich darauf spezialisiert, aus Dingen, die eigentlich im Müll landen, neue hochwertige Kleidungsstücke zu fertigen. So werden zum Beispiel Fischernetze oder Plastikflaschen zu warmen Jacken verarbeitet.

Mode für: Damen, Herren, Kinder
Herstellungsländer: Spanien, Thailand
Material: Recycelte Baumwolle, alte Flaschen, Fischernetze
Preis: T-Shirt ab 39,00 €

FTC CASHMERE

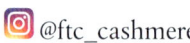 @ftc_cashmere

FTC steht für Fair Trade Cashmere. Hier findest du fair produzierte und qualitativ hochwertige Kleidungsstücke zum Einkuscheln.

Mode für: Damen, Herren
Herstellungsland: China
Material: Kaschmir
Preis: T-Shirt ab 79,90 €

GIVNBERLIN

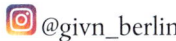 @givn_berlin

Hier findest du ideale Begleiter für den Alltag. Die Pieces sind die perfekten Basics für jeden nachhaltigen Kleiderschrank.

Mode für: Damen, Herren
Herstellungsländer: in Europa
Material: Bio-Baumwolle, Modal, Lyocell
Preis: T-Shirt ab 39,95 €

JAN N'JUNE

 @jannjune

Jan n'June ist die perfekte Anlaufstelle, wenn du auf der Suche nach nachhaltiger minimalistischer Mode bist. Gerade und elegante Schnitte spiegeln sich in allen Pieces wider.

Mode für: Damen, Herren
Herstellungsländer: Polen, Türkei, Portugal
Material: Bio-Baumwolle, recyceltes Polyester
Preis: T-Shirt ab 33,00 €

JUNGLE FOLK

 @jungle_folk

Die Pieces von Jungle Folk sind vielseitig einsetzbar. Perfekt, um ein wenig Abwechslung in die Capsule-Wardrobe zu bringen.

Mode für: Damen, Herren
Herstellungsländer: Kolumbien, Peru
Material: Wolle, Baumwolle, Seide, Leinen
Preis: T-Shirt ab 62,00 €

JYOTI – FAIR WORKS

 @jyotifairworks

Das deutsch-indische Fashionlabel bietet minimalistische Mode ohne viel Schnickschnack an. Besonderer Fokus wird hier nicht nur auf nachhaltige Kleidung gelegt, sondern im Zuge dessen auch auf die Zusammenarbeit mit lokalen NGO's.

Mode für: Damen, Herren
Herstellungsland: Indien
Material: Bio-Baumwolle
Preis: T-Shirt ab 28,00 €

LANGERCHEN
 @langerchenofficial

Langerchen ist das Label schlechthin für nachhaltig und fair produzierte Jacken und Mäntel. Hier findest du alles, was du für deine urbanen Outdoor-Abenteuer brauchst.

Mode für: Damen, Herren
Herstellungsland: China (Shanghai)
Material: Bio-Baumwolle, recyceltes Polyester
Preis: Jacke ab 180,00 €

LANIUS
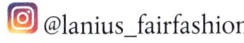 @lanius_fairfashion

Bei Lanius findest du feminin verspielte Mode, die jedes Alltagsoutfit in einen richtigen Hingucker verwandelt.

Mode für: Damen
Herstellungsland: China
Material: Baumwolle, Hanf, Leinen, Merinowolle
Preis: T-Shirt ab 35,90 €

LOVJOI
 @lovjoi_com

Lovjoi bietet schlichte Teile mit einigen feinen Besonderheiten an, durch die jedes Outfit etwas Besonderes wird.

Mode für: Damen, Herren
Herstellungsland: Deutschland
Material: Bio-Baumwolle
Preis: T-Shirt ab 34,90 €

NIKIN
 @nikinclothing

Bei Nikin findest du viele bequeme Alltagsbegleiter für sportliche Aktivitäten oder einen gemütlichen Sonntag daheim. Für jedes verkaufte Produkt wird ein Baum gepflanzt.

Mode für: Damen, Herren, Kinder
Herstellungsländer: in Europa
Material: Bio-Baumwolle, recyceltes PET, Polylana
Preis: T-Shirt ab 24,95 €

NUDIE JEANS
 @nudiejeansgermany

Bei Nudie Jeans wird Kreislaufwirtschaft großgeschrieben. Geht deine Jeans kaputt, kannst du sie zur kostenlosen Reparatur in einem Nudie-Repair-Store abgeben.

Mode für: Damen, Herren
Herstellungsländer: Italien, Tunesien, Portugal, Polen, Schweden, Indien
Material: Bio-Baumwolle
Preis: Jeans ab 119,00 €

RECOLUTION
 @recolution

Bei Recolution findest du schöne vielseitige Streetstyle-Pieces aus nachhaltiger und fairer Produktion.

Mode für: Damen, Herren
Herstellungsländer: in Europa
Material: Bio-Baumwolle, Holz, Tencel
Preis: T-Shirt ab 25,00 €

THINKING MU

 @thinkingmu

Thinking MU verwendet Garn, das aus alter, nicht mehr getragener Kleidung recycelt wurde. Dazu wird die alte Kleidung geschreddert und daraus das neue Garn hergestellt.

Mode für: Damen, Herren
Herstellungsländer: in Europa
Material: Bio-Baumwolle, Holz, Tencel
Preis: T-Shirt ab 34,90 €

CHARLOTTE SCHÜLER FAIR FASHION

 @charlotte.fairfashion

Vieles aus der Fair-Fashion-Branche hat mir gefallen, aber gewisse Teile haben mir einfach gefehlt. Deswegen habe ich 2022 mein eigenes Label gelauncht und produziere die Teile jetzt selbst. Dabei achten wir darauf, mit Zero-Waste-Schnittmustern so wenig Müll wie möglich zu produzieren. Das heißt, es bleiben keine bzw. möglichst wenig Schnittreste übrig. Wenn doch etwas Stoff übrig bleibt, verwenden wir ihn z. B. für Scrunchies weiter. Außerdem war es mir sehr wichtig, dass die Kleidungsstücke für Lagerung und Lieferung nicht in Plastiktüten, sondern in Papiertüten verpackt werden.

Mode für: Damen
Herstellungsland: Bulgarien
Material: Bio-Baumwolle
Preis: T-Shirt ab 49,00 €

SECONDHAND ONLINE-SHOPS

Sucht man etwas ganz Bestimmtes Secondhand, kann man sich viel Zeit sparen, indem man auf die Webseiten von Secondhand Online-Shops schaut. So braucht man nicht von Laden zu Laden zu gehen und kann sich gemütlich per Mausklick durch die Secondhand-Pieces wühlen.

ABOUT YOU
 @aboutyoude

Unter der Kategorie »Second Love« findest du bei About you auch schöne Secondhand-Pieces. Die Kategorie »Second Love« gibt es für Damen und Herren.

MÄDCHENFLOHMARKT
 @maedchenflohmarkt

Bei Mädchenflohmarkt findest du eine große Auswahl an Secondhand-Mode für Damen.

VINTAGE & RAGS
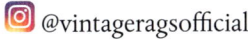 @vintageragsofficial
Wenn du ein Fan von Vintage-Mode bist, ist dieser Onlineshop genau das Richtige für dich. Viel Spaß beim Stöbern!

VINO KILO

 @vinokilogermany

Vino Kilo bietet eine riesige Auswahl an Vintage-Kleidung. Hier findest du ausgefallene und einzigartige Pieces.

ZALANDO

 @zalando

Gehst du bei Zalando in die Kategorie »Pre-owned« findest du viele Secondhand-Pieces für Damen und Herren.

NACHHALTIGE UND FAIRE SCHUHLABELS

ETHLETIC
 @ethletic

Ethletic ist zum einen das erste Schuhlabel, das mit dem Fairtrade Gütesiegel ausgezeichnet wurde, zum anderen hat es den Fairtrade Award in der Kategorie »Hersteller« verliehen bekommen. Die Schuhe werden aus Bio-Baumwolle und Naturkautschuk produziert. Ein Paar Sneaker kostet zwischen 75 und 100 Euro.

NAE
 @naeveganshoes

Nae setzt auf alternative Materialien wie Kork, Fasern aus Ananasblättern oder recycelte Airbags. Produziert werden die Schuhe in Portugal und kosten zwischen 65 und 170 Euro. Die Designs reichen von Sandalen über schicke Absatzschuhe bis hin zu Boots.

NINE TO FIVE
 @_nine_to_five_

Nine to Five produziert aus Bio-Baumwolle sowie Bio-Leder und achtet dabei auf einen fairen Umgang mit Mensch und Natur. Die Schuhe werden in kleinen Handwerksbetrieben in Portugal hergestellt und kosten zwischen 120 und 160 Euro. Die Variationen von Nine to Five sind ausgesprochen vielfältig und ich würde fast sagen, sie lassen keine Wünsche offen. Du findest hier Sneaker, Sandalen oder Boots in allen möglichen Farbvarianten.

VEJA
 @veja

Veja ist wahrscheinlich die bekannteste nachhaltige und faire Sneaker-Marke. Die Schuhe des französischen Labels mit dem berühmten »V«, die in Brasilien und Peru hergestellt werden, sind dir bestimmt schon aufgefallen. Sneaker von Veja gibt es vegan aus innovativen Materialien oder aus Leder. Auf der Website bekommst du einen genauen Überblick über die Herstellung. Ein Paar Sneaker von Veja kostet zwischen 80 und 170 Euro.

NACHHALTIGE SCHMUCKLABELS

JYOTI – FAIR WORKS
 @jyotifairworks

Der Schmuck von Jyoti – Fair Works wird in Handarbeit und zum Großteil von einer Kunsthandwerkerfamilie in Pushkar hergestellt. Dafür wird Messing verwendet, das als natürliches Material ohne Probleme immer wieder eingeschmolzen und bearbeitet werden kann.

FREMDFORMAT
 @fremdformat

Fremdformat hat sich auf die Wiederverwertung von Metallresten aus der Industrie spezialisiert. Die Schmuckstücke werden aus recyceltem Messing, Kupfer oder Edelstahl hergestellt. Auch bei der Vergoldung einiger Schmuckstücke wird recyceltes Gold oder Silber verwendet. Das besonders Tolle an Schmuckstücken von Fremdformat ist, dass sie in Heidelberg produziert werden und durch kurze Transportwege einiges an CO_2 gespart werden kann.

AKIND
 @wearakind

Akind ist besonders spannend, wenn man nicht auf Diamanten verzichten und dabei auf eine ethische Herkunft achten möchte. Denn das Schmucklabel verwendet nur Diamanten, die im Labor hergestellt wurden. Damit wird ein großer Schritt gegen die Blutdiamanten unternommen – und die Kunden müssen trotzdem nicht aufs Funkeln verzichten. Außerdem verwendet dieser Hersteller ausschließlich recyceltes Gold für die filigranen Schmuckstücke.

VERÄNDERUNGEN

Herzlichen Glückwunsch! Du hast dich durch das ganze Buch gearbeitet und bist deinem Ziel, deinen Kleiderschrank nachhaltiger und übersichtlicher zu gestalten, ein gutes Stück näher gekommen. Ich hoffe sehr, dass dir unsere gemeinsame Zeit mit diesem Buch Spaß gemacht und dich ein ganzes Stück weitergebracht hat. Hab immer im Kopf: Kein Meister ist vom Himmel gefallen, es ist ganz normal, dass die eigene Garderobe hier und da immer mal wieder ein paar Anpassungen nötig hat.

Das Leben verändert sich, so auch der eigene Stil oder die Ansprüche an den eigenen Kleiderschrank. Mit dem Buch hast du dir selbst einen guten Grundstein gelegt und kannst jetzt ohne viel Aufwand deine Kleidung neu sortieren und so herrichten, dass sie dich perfekt für dein Leben einkleidet. Ich wünsche dir ganz viel Spaß mit deinem neu sortierten und nachhaltigeren Kleiderschrank und würde mich sehr freuen, wenn wir uns auch weiterhin auf Social Media »sehen«.

DANKSAGUNG

An dieser Stelle möchte ich dir und jedem Einzelnen danken, der seinen Teil dazu beträgt, unsere Fashion-Welt zu verändern und zu revolutionieren. Die Fashion-Branche kann nur nachhaltiger und fairer werden, wenn jeder von uns seinen Teil dazu beisteuert. Danke, dass du dich mit diesem wichtigen Thema auseinandersetzt und so deinen Teil dazu beiträgst.

IMPRESSUM

1. Auflage
© 2022 by Südwest Verlag, einem Unternehmen der
Penguin Random House Verlagsgruppe GmbH,
Neumarkter Straße 28, 81673 München

Hinweise

Bildnachweis

Autorinnenfoto U1: © Nina Metzger
Fotos und Illustrationen: © Charlotte Schüler
Mit Ausnahme von: shutterstock/Jannissimo, SNP_SS, Anna Svetlova: U1; Bvse-Bundesverband Sekundärrohstoffe und Entsorgung e.V.: 134 u.; Cradle to Cradle Certified®, eine geschützte Marke von Cradle to Cradle Products Innovation Institute: 65; DZI, Deutsches Zentralinstitut für soziale Fragen: 134; Fair Wear: 64; Fairtrade Deutschland: 63; FairWertung e.V.: 134; GOTS, Global Organic Textile Standard: 63; Grüner Knopf: 64; Naturland: 64

Projektleitung: Vanessa Silbermann, Birgit Bulla, Philipp Christ
Bildredaktion: Sabine Kestler
Redaktion: trans texas publishing services GmbH, Köln
Korrektorat: Susanne Langer-Joffroy
Herstellung: Elke Cramer
Layout und Icons: Josefine Britz
Satz: Satzwerk Huber, Germering
Umschlaggestaltung: Veruschkamia, München, www.veruschkamia.de
Druck und Bindung: Litotipografia Alcione, Lavis
Printed in Italy

Penguin Random House Verlagsgruppe FSC® N001967
ISBN 978-3-517-10109-5